知ってる人だけ得する　年金新世代の新常識

定年後も安心がずっと続くお金のつくり方

［監修］
1級ファイナンシャル・プランニング技能士
皿海信之
社会保険労務士
三浦絵美

退職金　年金
節税　給付金　投資　相続

日本文芸社

はじめに

50歳になったとき『半世紀クラブへようこそ！」とＳＮＳで同級生からメッセージをもらいました。それから8年が経ちましたが、新型コロナウイルスの流行が始まったころに金融機関を早期退職して、現在の会計コンサル事務所で新たな道に進みました。

そこで感じたのは50歳後半からのライフプランは重要で、いろいろなところから情報を取らなければいけないということでした。

退職金の受け取り方、税金の納め方、確定拠出年金ＤＣやイデコの移行、年金の受給時期と支給額、雇用保険、健康保険など。手続きすれば利用できたはずの仕組みを、みすみす見逃して結果的に損をしてしまうこともあります。

厚生労働省の調査では99・8％の企業が65歳までの雇用確保措置をしていますし、70歳までの就業機会確保についても努力義務とされました。これから60歳を迎える人は、年金受給時期が65歳からになることもあり、「60歳で定年退職して、悠々自適」の方はほんのひと握り。

50代までと違って少し肩の荷を下ろし、アクティブにセカンドライフを送るためにはマネープランが必要です。とくにこれからは近年の物価高、円安などへの対応が不可欠となりました。また人生１００年時代といわれるなか、「年金２０００万円問題」が大きな話題となりましたが、この期間を生きていくための備えも必要となります。

令和６年からは、ＮＩＳＡ制度が新制度に移行され、年間投資枠の大幅拡大、非課税保有期間が無期限化となります。また、贈与税が大幅改正となり、相続・贈与の対策方法についても変わってきます。60歳定年前後の身の処し方や資産運用の配分の仕方次第では、仮に収入が減っても一定のリカバーは可能になることでしょう。

本書では定年前後の仕組みや手続き方法、資産運用の考え方などをわかりやすく導き出せることを目指して図表を多く取り入れました。

何か困ったときに本書をお手元にすることで、皆さまが豊かな生活を過ごせることの一助になれば幸いです。

皿海 信之

はじめに　002
かつてと様変わりした60代のお金事情　008
定年前後のスケジュール　012
人生100年時代の定年生活　016

第1章 定年前後の税金・助成金

老後に納める税金を減らす方法　024
退職金にかかる税金　030
退職金の手取りを増やす　032
前借退職金扱いで非課税にする　034
退職所得の受給に関する申告書を提出する　036
一時金でもらうと一部が非課税　038
年金型で運用利益分がもらえる　039
納め過ぎた所得税の還付を受ける　040
補聴器を購入すると一部助成　041
バリアフリーの補助金を活用する　042
子どもの国民年金を立て替えする　043
親を扶養家族に入れて節税する　044
生命保険に加入して節税する　045
地震保険の加入で所得控除する　046
雑損控除で損害を軽減する　047
ふるさと納税で税金を控除　048

第2章 定年前後の働き方と雇用保険

定年後の働き方と給付金　050
公共職業訓練で失業保険を延長　054
失業保険の受給期間を延長する　056
失業保険を休業してから受給する　058
高年齢求職者給付金を受給する　060
失業保険と年金を両方受給する　062

足りない分の年金は補助される 064
給与が下がったら給付金を申請 065
早期に再就職して給付金をもらう 066
介護休業して給付金を受給する 067
失業中の生活の支えとなる給付金 068
短期の勤務時間で雇用保険に加入 070
基本手当の上限が増えたメリット 072
自営業は雇用保険期間を延長可能 074
退職後の開業で使える支援金 075
不正受給は絶対にいけません 076

第3章 定年前後の年金

年金の「3階建て」とは? 078
年金はいつから受給すべきか? 080
ねんきん定期便をチェックする 082
ねんきんネットをチェックする 083
65歳以降に年金を受給する 084
65歳前でも繰り上げ受給できる 086
一括受給で増額5年分の年金を受給 088
プラスでもらえる加給年金 090
障害基礎年金を申請する 091
付加年金で年金額をアップさせる 092
未納期間分を追納して満額支給 094
再就職後でも年金を全額もらう 096
働きながら年金を増やす 098
在職定時改定で年金を増やす 100
短期労働で社会保険に加入できる 102
転職したら種別変更手続きをする 104
過去職の会社から年金をもらう 105
離婚後に年金を受け取る 106
年金と生活保護を同時期受給 107

配偶者の死後に遺族年金をもらう 108
寡婦年金を受給する 110

第4章 定年前後の健康保険・介護保険

退職後の健康保険４つの方法 112
短期雇用でも入れる可能性がある 114
任意継続被保険者制度を利用する 116
特例退職被保険者制度を利用する 118
国民健康保険に加入する 120
家族の被扶養者として保険に加入 122
世帯分離して保険料を減額する 124
自治体の助成で予防接種を受ける 125
傷病手当は通算化で受給できる 126
高額になった医療費を払い戻し 127
高額介護サービス費を払い戻し 128
介護費と医療費の負担を軽減する 129
確定申告で医療費控除を受ける 130
特定の医療品購入額を控除する 131
月またぎせずに入院して払い戻し 132
知っておきたい高齢者医療制度 133
介護保険を利用申請する 136

第5章 定年前後の相続

相続手続きを計画的に進める 138
相続対象となる財産を確認する 142
相続で引き継いだ家の上手な処分 146
相続した不動産のその後の選択肢 148
贈与を活用して将来の相続税を減らしていく 150
相続時精算課税制度を利用する 152
相続した土地を国に返還する 154

配偶者居住権で相続した家に住む 156
相続税評価を減額して、税金を圧縮する 158
連続する相続は相次相続控除を適用 160
相続人以外の親族でも相続財産を請求 162
民事信託を活用して財産を管理 163
遺産分割前でも相続預金が引き出せる 164
個人に借金があった場合は放棄 165
死亡保険で相続税額を減らす 166
第6章 定年前後の暮らしと住まい
退職金を賢く増やす 168
退職金専用定期預金を運用する 172
全世界株式投資信託を利用する 173
家賃補助や貸付制度を利用する 174
住宅ローンを繰上げ返済する 176
マイホームを貸し出す 178
子どもが近居だと助成金が出る 179
自宅を担保にして融資を受ける 180
自宅を担保にして資金を借りる 182
田舎暮らしという選択肢 183
移住支援制度を利用して移住する 184
民間保証を利用する 186
医療保険料を見直して安くする 187
生命保険料の支出を減らす 188
生命保険の上手な解約方法 190
ダウンサイジングな生き方 192
【巻末付録】
届け出だけでもらえる給付金 195
必要書類の入手先 202

※本書掲載の情報は、２０２３年12月現在のものです。

かつてと様変わりした60代のお金事情

▼老後への備えはできることから始める

定年前にしてまず確認しておかなければいけないことは定年後に「入ってくるお金」と「出ていくお金」を把握することです。

かつては60歳で定年を迎えたあとは退職金や年金をベースに悠々自適のセカンドライフを送るというのが一般的な老後生活でした。しかし、現在では退職後のお金事情や仕事など、60代を巡る状況はかつてとは大きく様変わりしています。

たとえば、老後の備えとして、多くの人にとって

大きな柱となる退職金ですが、退職金の平均水準は年々下降傾向にあります。厚生労働省の「賃金事情等総合調査」によると、大卒者の定年退職金の水準を２００９年と２０１９年の調査を比べた場合、この10年間で約２６４万円も減少しています。また、年金の受給年齢も変わりました。

１９８５年の法律改正で厚生年金の受給開始年齢は60歳から65歳に引上げられ、「特別支給の老齢厚生年金」制度が制定。性別、生年月日に応じて、実質的な受給開始年齢は段階的に引上げられてきています。

かつては２０１１年4月2日に満60歳を迎えた男性（＝１９５１年（昭和26年）４月２日生まれ）は、60歳から特別支給の老齢厚生年金（報酬比例部分）

を受け取ることができましたが、２０２１年4月2日に満60歳を迎えた男性（＝１９６１年（昭和36年）4月2日生まれ）は、60代前半に特別支給の老齢厚生年金を受け取ることはできません。

老後資金がいくら必要になるかは、老後の月々の収入（年金など）から支出を差し引いて毎月の不足額を算出し、平均余命などを基に生活期間を掛け合わせて算出します。

金融庁が算出した老後に約２０００万円が必要という試算もこのような考え方によるものです。たとえば、60代の貯蓄額の平均１６３５万円を保有している人が、毎月10万円ずつ不足額を取り崩していくと仮定すれば、およそ13年で貯蓄が底を尽く計算になります。

「人生１００年時代」といわれるようになった現代では老後への備えはできることから始めるに越したことはありません。「働けるうちは働く」「完全リタイアまでの間に積み立てる」といったことが必要です。

働けるうちは働いておけば、その間は老後の蓄えを取り崩さずに済みます。完全リタイアまでに定期的な積み立てに回すことにより知らず知らずのうちにお金がたまっていくことが期待できます。

このように定年前後からできることはやっておくというのが余裕ある老後を過ごすための肝といっていいでしょう。

定年退職前後のスケジュール①

	定年退職前（在職時）	定年退職時
雇用保険	退職後の働き方を検討する。 ▼失業給付（基本手当）を受け取るかどうか 自宅の所在地を管轄するハローワークの場所を確認する。 退職前6ヵ月の給与明細は保管しておく。 ▼失業給付（基本手当）の試算に役立つ 雇用保険被保険者証の有無を確認する。 ▼会社で保管されているか、ない場合は再発行してもらう 勤め先から離職証明書の内容確認を求められる。 ▼確認して戻す（記名する）	勤め先から 雇用保険被保険者証を受け取る。 （会社保管の場合）
公的医療保険	退職後の健康保険の選択を検討しておく。 ▼早めに手続き書類などを取り寄せておく	健康保険証を勤め先に返却する。 （後の公的医療保険加入手続きのため、 コピーをとっておく）

定年退職後

退職から1週間〜10日程度

会社から離職票1、離職票2が送られてくる。

▼内容を確認

基本手当を受給する場合

すみやかに

ハローワークで求職の申し込みを行う。

▼定年退職者は受給期間の延長もできる

求職活動を始める。

失業認定日ごとに

ハローワークへ行き失業認定を受ける。

▼基本手当が振り込まれる

以後、基本手当終了（通常、退職の翌日から1年間が受給期間）、または再就職まで繰り返し。

選択した公的医療保険に応じた手続きを行う。

任意継続の場合

退職の翌日から20日以内

元の勤め先の組合けんぽ（健康保険組合）や協会けんぽ（全国健康保険協会）で加入手続きを行う。

国民健康保険の場合

退職の翌日から14日以内

市区町村役場で加入手続きを行う。

家族の被扶養者になる場合

被扶養者になった日から（退職日翌日）5日以内

家族の勤め先を通して、被扶養者届を提出する。

定年退職前後のスケジュール②

年金

定年退職前（在職時）

年金をいつからいくらもらえるか確認する。

▼ねんきん定期便やねんきんネットのほか、年金事務所などで調べられる

年金事務所などの場所を確認する。

年金手帳の有無を確認する。

▼会社で保管されてるか

勤め先に企業年金がある場合は、手続きや受け取り方法などを確認する。

59歳の時

封書のねんきん定期便が送られてくる。

▼年金記録の詳細が記載されているので、確認

定年退職時

勤め先から年金手帳を受け取る。

（会社保管の場合）

税金や退職金など

定年退職前（在職時）

確定申告をする場合に備え、住所地を管轄する税務署の場所を確認しておく。

資産の棚卸しを行う。

住宅ローンは、繰上げ返済などで残高を減らす。

会社の退職金制度を調べておく。

定年退職時

退職金を受け取り後、「退職所得の源泉徴収票」を受け取る（退職後に会社から送られてくる場合もある）。最後の給与で未納分の住民税を清算する（6～12月退職なら一括徴収、普通徴収いずれかを選べる）。

配偶者が60歳未満なら

退職の翌日から14日以内

市区町村役場で配偶者の国民年金の種別変更手続き（第3号被保険者→第1号被保険者）を行う。

年金を受給できる年齢の3ヵ月前

年金請求書（事前送付用）とリーフレット（「年金を請求されるみなさまへ」）が送られてくる。

▼内容を確認

年金を受給できる年齢になったとき

年金事務所などで年金請求手続きを行う。

▼国民年金の1号期間のみの人は市区町村役場でもよい

企業年金に加入している場合

企業年金の請求手続きも行う。

▼請求時期や請求先は退職前に勤め先に確認しておく

退職の1～2ヵ月後

住民税納税通知書が送られてくる。

退職の翌年1月ごろ

元の勤め先から、給与所得の源泉徴収票が送られてくる。

▼確定申告をする場合に必要になる

人生100年時代の定年生活

▼加速傾向にある日本の高齢化

イギリスの組織論学者リンダ・グラットン教授が著書『LIFE SHIFT（ライフ・シフト）』で「人生100年時代」という考え方を提唱したのをきっかけに長寿時代に向けて従来の社会制度や人生設計を見直そうという動きが広まっています。

日本の総人口は令和5年10月現在、1億2434万人です。65歳以上人口は3622万人となり、総人口に占める割合は前年比0・1ポイント増の29・1％で過去最高を更新しました。80歳以上を見てみると前年比29万人増の1259万人で初めて「10人に1人」に達したことになります。

65歳以上の女性は前年と同じ2051万人（女性人口の32・1％）、男性は前年より1万人少ない1572万人（男性人口の26・0％）で男女を合わせた高齢者人口は統計上比較できる１９５０年以降で初めて減少に転じ、これは現在65歳を迎えているのは57～59年に生まれた「団塊の世代」以後の世代で比較的人口が少ないことが影響したものですが、それでも団塊の世代が大きな塊となっている75歳以上では前年比72万人増の２００８万人で初めて２千万人を超え、さらに団塊の世代は来年以降、全員が75歳以上になるため日本の高齢化は加速傾向にあります。

２０２３年７月の厚生労働省の発表によると日本人の平均寿命は男性が81・05年、女性が87・09年、前年と比較して男性は０・42年、女性は０・49年下回っていますが、これは昨今のコロナ禍により高齢者の死者が増加したためで、コロナ禍以前の２０２０年まで男性は９年連続、女性も９年連続で過去最高を更新していました。１９５５年時点では男性63・60歳、女性67・75歳といずれも平均寿命は60歳台だったことを踏まえると、この70年で実に約20年も平均寿命が延びたことになります。厚生労働省では２０４０年の平均寿命を男性で83・27歳、女性で89・63歳と推計しており、今後も日本人の平均寿命は延びていくと予測しています。

日本の定年制は平均寿命の変化に応じて改定されてきました。当初は55歳定年だったものが、１９７０年代に入って平均寿命が約10年延びたことにより、１９８０年代に入り60歳定年へ、さらに２０１３年の「高年齢者雇用安定法」改正で、希望者全員の65歳までの継続雇用確保が図られました。２０２１年からは70歳までの就業機会確保が努力義務とされましたが、平均寿命を考慮するとリタイア後も約20年人生を歩まなければなりません。

▼人生１００年時代の老後生活

平均寿命が延びれば、当然生きるために必要なお金も増えます。かつての日本では、預貯金から得る金利や企業からの退職金、年金の受給によって老後の生活資金をまかなっていました。しかし、長引く不況と超低金利時代への突入により、預貯金から得られる利益は減少傾向にあります。

たとえば、バブル期真っただ中の１９８５年は年５・５％（税引後年４・４％）の金利がついていました。これは１００万円の預金で年間４４０００円（税引後）の利息収入となり、家族で日帰り旅行にいけるくらいの収入でしたが、２０１５年には年０・０２５％（税引後年０・０２０％）となり、年２００円（税引後）しか利息収入が得られません。これは今後も劇的な好景気が訪れない限りは変わることはないでしょう。つまり、現代においては預貯金から得る金利に期待できないということです。

　では退職金はどうでしょうか。厚生労働省「就労条件総合調査」によると退職金の金額も下降傾向にあります。たとえば、同調査で「大卒以上」「管理・事務・技術職」「定年退職」「勤続20年以上」「45歳以上」の条件で退職金の平均支給額の推移をみてみると、１９９７年で２８７１万円だった平均退職金額が２０１８年の段階で１７８８万円となっています。約20年で１０８３万円も減額となっているのです。

　退職金は景気やその業種、退職金に対する企業側の試算方法（勤続年数より成果主義の導入など）によって差異がありますが、この推移で行くとさらに20年後には１０００万円を切ることが十分予想されます。残念ながら退職金もかつての日本のように老後の安定にはつながるものではなくなったといっていいでしょう。

　最後にほとんどの人の老後資金の根幹である年金制度をみてみると、こちらも厳しい現実があります。日本の公的年金制度は現役世代が支払った国民年金保険料・厚生年金保険料を年金として支払う賦課方式になっており、現役世代が少なくなって年金世代が多くなると１

人当たりの負担が大きくなります。現代日本社会は少子高齢化に突入しているので、当面はさらに１人当たりの負担が大きくなるといえます。

賦課方式のため、永続的な制度の持続は期待できますが、今後も少子高齢化が解消せずに年金制度を維持するとなると、「年金保険料を引き上げる」「年金世代への年金給付額を減らす」「年金支給開始年齢を引き上げる」などといった施策を考慮せざるを得ない状況です。仮に「年金世代への年金給付額を減らす」「年金支給開始年齢を引き上げる」といった方針を取るようになると実質年金の受給額が減額となることになります。これまでの日本人の老後資金の根幹を支えた年金すら揺らいでいるといいっていいでしょう。リタイア後の生活に十分な財源の確保は難しいといわざるを得ません。

前述のとおり、現状でも十分な高齢化社会ですが、今後もその傾向が加速していくことを考えれば、人生１００年時代を生き抜くための十分な資産を確保しなければなりません。

総務省統計局「家計調査年報（２０２２）」によると、世帯主が65～69歳で無職の世帯（世帯員は２人以上）の家計は可処分所得が23万７０００円であるのに対して、支出は約28万円というデータが出ています。つまり、１ヵ月当たり約4万３０００円が足りなくなるということになります。

月々の不足額は約４万３０００円、年間で約51万６０００円、仮に65歳で定年を迎えて１００歳まで生きるとすれば、約１８０６万円が不足になる計算になります。この不足分がいわゆる「２０００万円問題」であり、どう賄うかが安定した老後の肝となるのは間違いありません。

このように老後の安定した生活を送るには定年退職する前から事前にシミュレーションしてできるだけ退職前後に老後資金を確保することが必要です。定年前後の自分の生活環境や財政状況に照らし合わせて、どのような制度があるのか、どのような給付金を得られるのか、こうした老後資産を定年前後にどのように確保するかが本書のテーマとなっております。

1級ファイナンシャル・プランニング技能士　皿海　信之
社会保険労務士　三浦　絵美

知ってる人だけ得する

第1章

定年前後の税金・助成金

年金新世代の新常識

老後に納める税金を減らす方法

▼老後資金の柱となる退職金と年金

老後資金がどの程度必要になるかは、誰もが関心のあるところですが、それぞれの家庭事情もあるため、明確にこれだけの金額が必要だとはいえないというのが実情です。一般的に夫婦２人が老後生活に必要な資金の目安は２５００万円程度といわれています。一般的なサラリーマン家庭の場合、その老後資金の柱となるのは退職金と年金になります。しかし、その退職金や年金にも税金がかかることも忘れてはいけません。

▼年金は税金が天引きされる

会社勤めをしていた人であれば、会社から振り込まれる給与は税金が天引き（源泉徴収）された手取り額として振り込みされることはご存じでしょう。多くの人の定年退職後の主な収入源となる年金ですが、実は月々支払われる年金も会社の給与と同じく所得税や住民税等が天引きされて振り込まれます。さらに年金は支給される年金額が多いほど納税額も増えていきます。年金の基本事項として覚えておきましょう。

退職後に納める税金

納める税金

所得税・住民税等

年金→雑所得扱いとなる
所得税、住民税を差し引いて
（源泉徴収して）振り込まれる

公的年金等に係る雑所得の速算表

年末の年齢	公的年金等の収入金額の合計額	割合	控除額
65歳以上	330万円未満	100%	110万円（※）
	330万円以上 410万円未満	75%	27.5万円
	410万円以上 770万円未満	85%	68.5万円

※公的年金等の収入金額の合計が限度

所得税の速算表

課税総所得金額	税率	控除額
195万円以下	5%	0円
195万円～330万円	10%	97,500円
330万円～695万円	20%	427,500円

課税総所得は、年金と給与などの合計から各種控除を行った後の金額

控除

基礎控除
配偶者控除
生命保険料控除
社会保険料控除
医療費控除

［退職後初年度の住民税に注意］ 前年の1～12月分の所得で税額が計算され、6月から翌年の5月までに納める。退職前（現役時）の所得に対して課税されるため、高額になりやすい。

確定申告をすることで納めた税金の一部が戻ってくる場合も

▼退職金の基本事項

退職金は終身雇用制をとっていた日本独自のもので、現在でも日本の会社の約８割が社員の退職時に退職金を支給しています。

多くのサラリーマン家庭の退職後の収入源の柱のひとつとなっています。従来は社員退職時に一括で支給されていましたが、近年では約10年前後に渡って分割で受け取る「年金型」や一定額を支給後に分割支給する「併用型」を導入している企業も増えてきています。所属する会社によって退職金に関する規定は異なるので、就業規則等で事前に確認しておくといいでしょう。

退職金のある会社、ない会社の割合

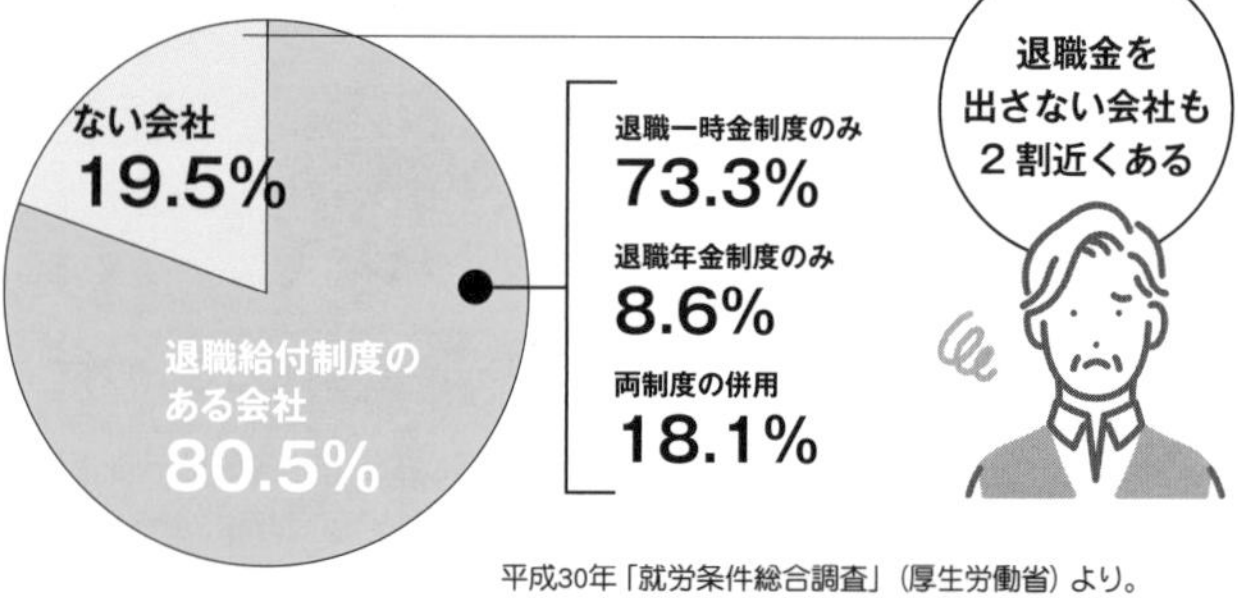

平成30年「就労条件総合調査」（厚生労働省）より。

退職金は会社が必ず支払わなければならないというお金ではありません。上のグラフの通り、退職金がない会社も一定数あるのです。文書による定めがなくても、慣行として支給されていたり、その社員の貢献度に応じて支給されるケースもあるので、事前にしっかり確認を取ることをお勧めします。

受け取り方で変わる退職金

退職金には「一時金」「年金」「一時金と年金の併用」などさまざまな受け取り方法があります。

退職金はこれまでの勤労感謝と退職後の生活保障という意味合いも含まれるため、税率が通常の所得よりも低めに設定されています。

また、退職金を一時金として受け取った場合の所得税に関しては「退職所得控除」という非課税枠も用意されています。

このように退職金は受け取り方で手取額が変わります。

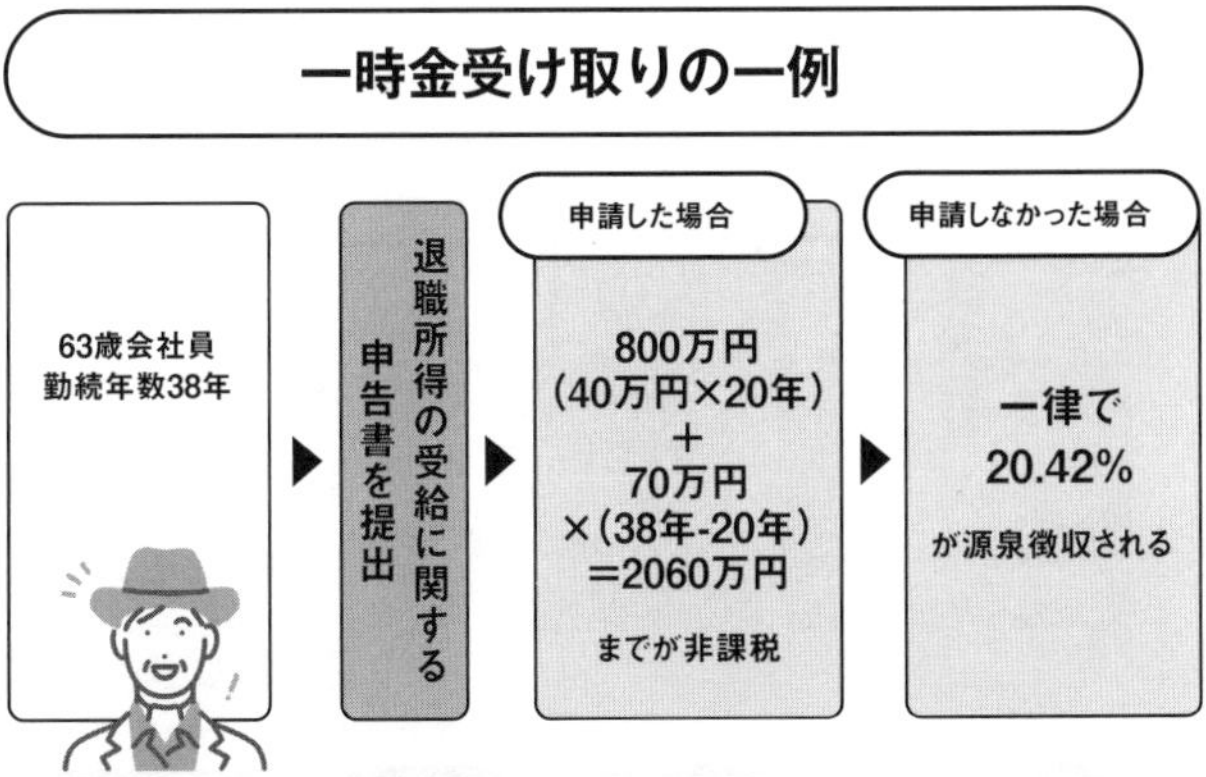

退職金は一時金として受け取った場合、年金として受け取った場合と、額面は変わらないものの受け取り方で手取額が異なります。事前に計算しておき、どの受け取りがメリットあるか確認しておきましょう。

退職金の主な受け取り例

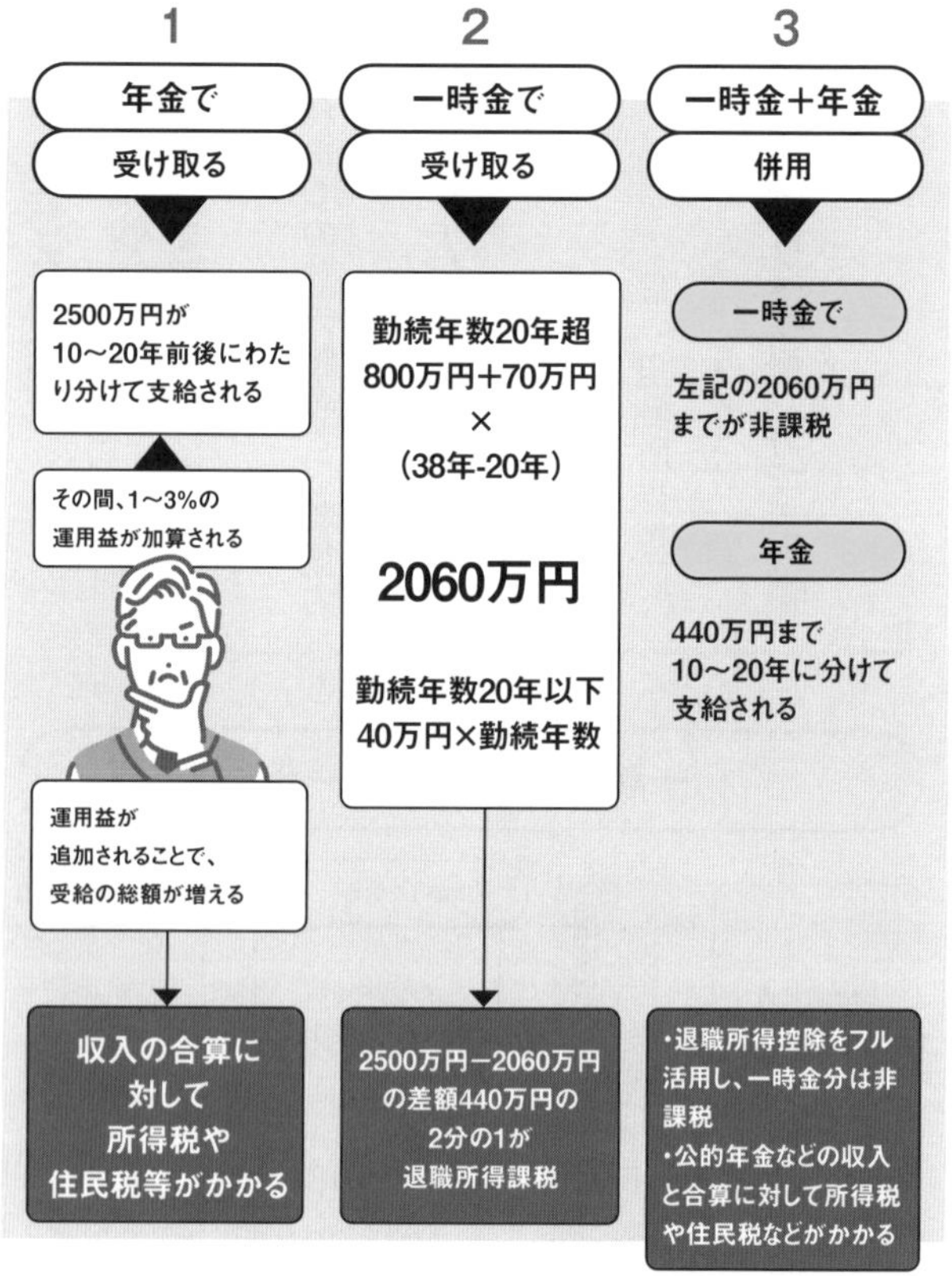

所属する会社によって規定は異なりますが、退職金の主な受け取りとして「一時金」「年金」「一時金+年金」が挙げられます。上記は勤続年数38年の63歳会社員で退職金2500万円の場合を比較したものです。

一時金と年金の比較例

一時金で受け取る場合	年金で受け取る場合
メリット ▶税制面でかなり優遇措置がある ▶住宅ローンの返済など、大きな支払いに充てられる	**メリット** ▶月々受け取れるため、生活資金に利用しやすい ▶預け先や運営方法に悩む必要がない
デメリット ▶退職金の預け方や運用方法を慎重に検討する必要がある ▶計画性がないと使い果たす可能性がある	**デメリット** ▶毎月の税金負担が増える可能性がある。 ▶勤め先の経営状況が悪くなったり、市場金利の低下で給付減額になる場合もある

ローンなど多額の支払がある場合には有利

一時金型と年金型を比べてみても上の図のようにメリットとデメリットがあります。いずれのメリットデメリットも退職前に確認できることなので、自分の勤務環境に照らし合わせて受け取り方を検討しましょう。

終身雇用制度の減衰に伴い、退職金の額は年々減少してきています。こうした傾向は今後も続いていくはずで、ますます運用や使い道について慎重に検討することが要求されるでしょう。

退職金にかかる税金

▼退職金には所得税と住民税がかかる

退職金にはさまざまな受け取り方法がありますが、いずれの受け取り方法にしても通常の所得と同様に所得税と住民税がかかります。

一時金として退職金を受け取った場合には「退職所得控除」が用意されており、勤続年数が長ければ長いほど控除額が拡大されます。

退職所得控除を受けるには退職所得の受給に関する申告書の提出が必要となります。

▼自治体によって異なる住民税

住民税の納税方法は複数あります。通常は特別徴収か普通徴収で行われます。給与や年金から天引きされるのが特別徴収で、納付書などで自ら支払いをして納めるのが普通徴収です。

住民税の納税額は所得によって決まる所得割と所得にかかわらず均一に課税される均等割の合計で決まるほか、住んでいる自治体によって税率が異なります。

住民税の内訳と税率

住民税の納税方法は複数ありますが、通常は特別徴収か普通徴収の形で行われます。給与や年金などからあらかじめ天引きされるのが特別徴収で、納付書等をもって自ら支払うのが普通徴収といいます。

住民税とは?

市町村民税+道府県民税

東京23区は特別区民税　　東京都は都民税

住んでいるところ(1月1日現在の住所地)により、
前年1年間(1月1日～12月31日)の所得に課税される。

税額(年額)

所得割	均等割
所得金額により変わる	定額が課税される
標準税率	標準税率
所得金額の10%	5000円
(道府県民税4%+市町村民税6%)	(道府県民税1500円+市町村民税3500円)

注・いずれも自治体により異なる場合がある。

納め方

給与所得者は6月～翌年5月に納める(特別徴収)。

その他の人は、納税通知書により年4回に分けて納める(普通徴収)。
個人住民税における公的年金からの特別徴収制度があります。

住民税の納め方は、特別徴収の場合は6月～翌年5月、普通徴収の場合は年4回に分割して納付書をもって納めます。退職金は受け取った翌年の納税になるので事前に準備しておく必要があります。

退職金の手取りを増やす

▼額面そのままで手取り額を増やす

一時金として退職金を受け取る場合、「退職所得控除」という非課税枠があることは先述した通りです。この退職所得控除は勤続年数が長ければ長いほど控除額が拡大され、勤続年数が1年増えるごとに70万円、勤続年数が20年以下の場合は40万円非課税枠が増えます。退職所得控除を利用すると会社から支給される退職金の額面はそのままでも受け取る手取り額を増やすことができます。

▼退職前に退職日を調整する

退職所得控除は勤続年数によって決まるので、退職日を調整して控除額を増やすこともできます。勤続年数は年未満の端数がある場合切り上げされるので、たとえば、19年11カ月の勤続年とすると、あと1カ月と数日の勤務実績で21年の勤続年となります。退職日の設定は法定で定められているわけではなく、会社と従業員の間で任意で設定できるので、退職日が調整できるか、会社に事前に相談してみましょう。

退職所得控除の一例

一方で、2022年からは勤続5年以内の従業員については課税額が半減される範囲が減少しました。短期間の契約の場合には、最終的な手取りがどうなるか計算して給与・退職金を設定する必要があります。

（退職金の金額-退職所得控除額）×1/2

＝課税対象金額

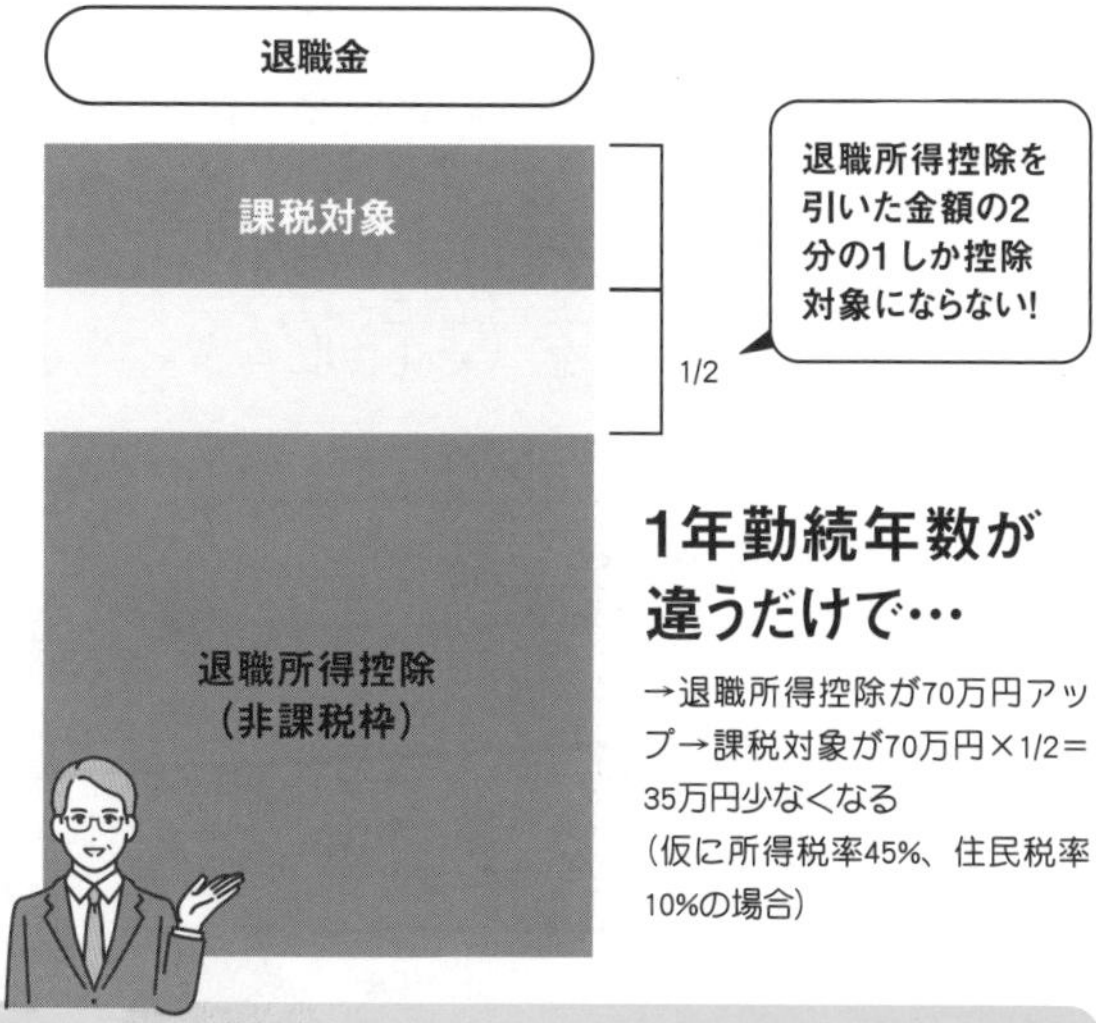
退職金
課税対象
退職所得控除
（非課税枠）
1/2
退職所得控除を引いた金額の2分の1しか控除対象にならない!
1年勤続年数が違うだけで…
→退職所得控除が70万円アップ→課税対象が70万円×1/2＝35万円少なくなる
（仮に所得税率45%、住民税率10%の場合）

→19万2500円税金が減る!

退職所得控除は勤続年数が長いほど控除額が拡大されます。20年以上の勤続年数で1年増えるごとに70万円も控除額が変わってくるので、勤続年数に端数がある場合は会社に相談して退職日を調整するなどしましょう。

前借退職金扱いで非課税にする

▼退職金は前倒しで受け取れる

退職金は会社に在籍中に前倒しで受け取ることができます。その方法のひとつとして「前払退職金制度」があります。前払い退職金制度は退職時に受け取る退職金を月々の給与や期末ごとの賞与に上乗せして受け取れるというものですが、あくまで給与や賞与で受け取るというものなので、社会保険や課税対象となってしまいます。そこで利用したいのが「前借退職金制度」です。

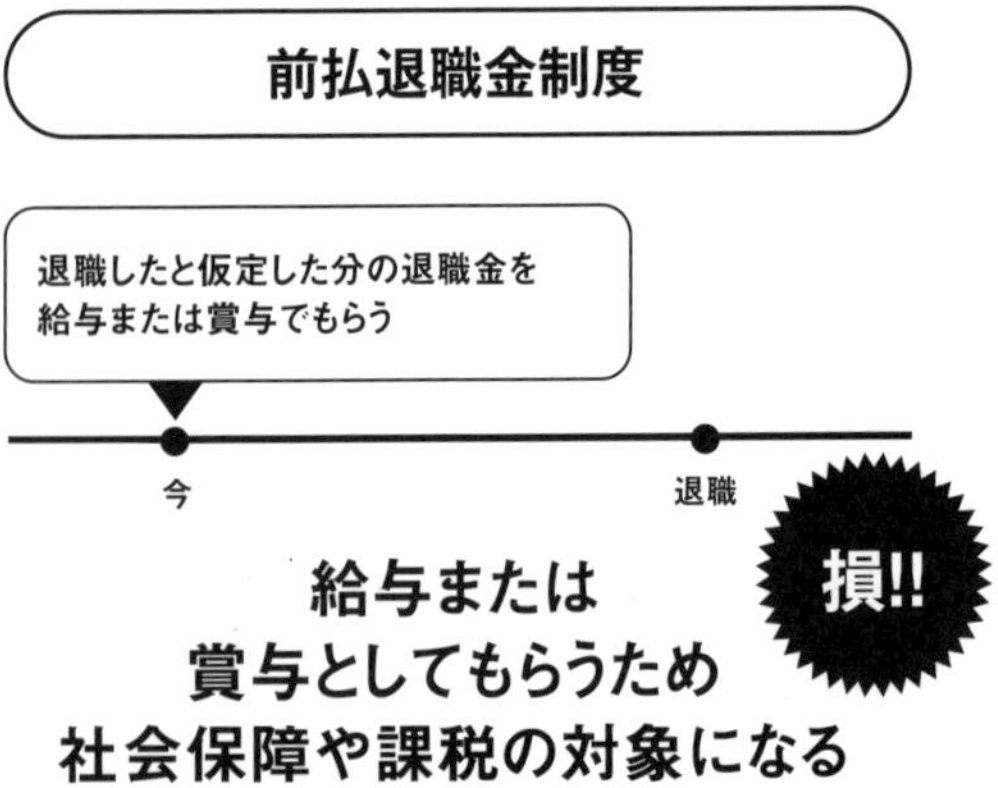
前払退職金制度
退職したと仮定した分の退職金を
給与または賞与でもらう
今
退職
損!!
給与または
賞与としてもらうため
社会保障や課税の対象になる

前払退職金制度は退職金を給与や賞与に上乗せして受け取れる制度ですが、あくまで給与や賞与として受け取るため、社会保険や課税対象となってしまい、あまりおすすめできる受け取り方法ではありません。

▼退職金を前借りして受け取る

前払退職金制度が退職金を給与や賞与に上乗せして受け取れるというものに対して、「前借退職金制度」は会社と受取人が金銭賃借契約を結んで、将来退職金の受け取る金額の一部を前借として支給して、退職時の退職金で前借した金額を相殺するものです。

この場合、会社から借入した退職金の一部は「借入金」となって課税対象から外れるので、結果として、退職金の手取り額を増やすことになります。

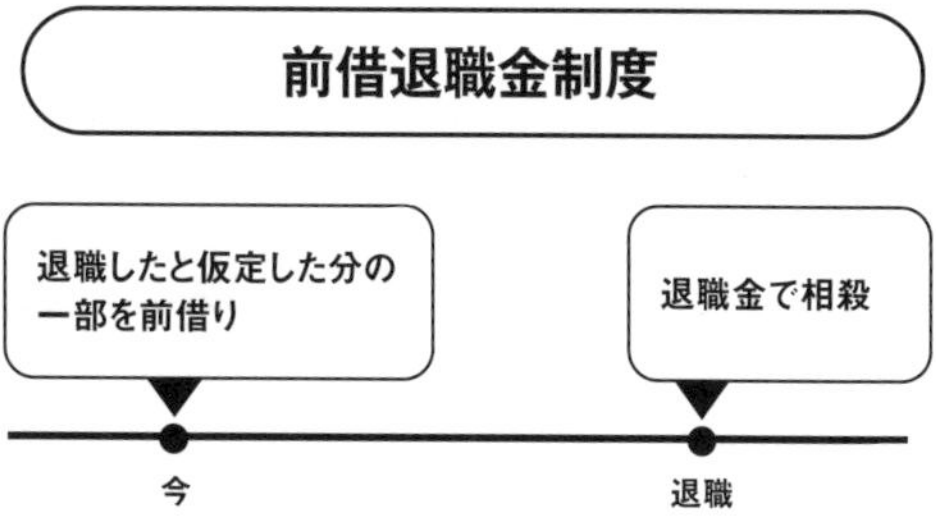

会社との
金銭貸借契約のため、
課税の対象にならない

得!!

前借退職金制度は会社と金銭賃借契約を結んで退職金の一部を前借として支給し、退職時に相殺するものです。借入した退職金が「借入金」として課税対象から外れるので、実質手取り額が増えることになります。

退職所得の受給に関する申告書を提出する

▼退職所得控除は自己申告制

退職金はこれまでの勤労感謝と退職後の生活保障という意味合いもあるため、税率が通常の所得よりも低めに設定されていますが、さらに「退職所得控除」を受けることで退職所得の特例を適用することができます。退職所得控除は自己申告制のため、自分で「退職所得の受給に関する申告書」を提出しない限り受けられません。退職所得控除を申告しない場合、一律で20・42％が源泉徴収されます。

▼勤続年数が長いほど控除額が拡大

退職所得控除を受けるためには退職所得の受給に関する申告書が必要となります。退職所得控除額は勤続年数によって異なり、勤続年数が長ければ長いほど控除額が拡大されます。

20年以下の場合は40万円×勤続年数（※）、20年を超える場合は８００万円＋70万円×（勤続年数—20年）となります。また、控除額を超過した場合でも課税対象となるのは超過分の半分だけです。

(*)80万円未満(勤続年数2年未満）の場合は80万円

退職所得控除を受ける

退職所得の受給に関する申告書を提出する

いつまでに	退職金の支払いまで	▶	源泉徴収に退職所得の特例が適用
どこに	退職金の支払い者に提出		

申請しなかった場合

一律で20.42%が源泉徴収される（20.42%分が引かれて入金される）	▶	確定申告をすることで、後日、納め過ぎた税金分が還付される

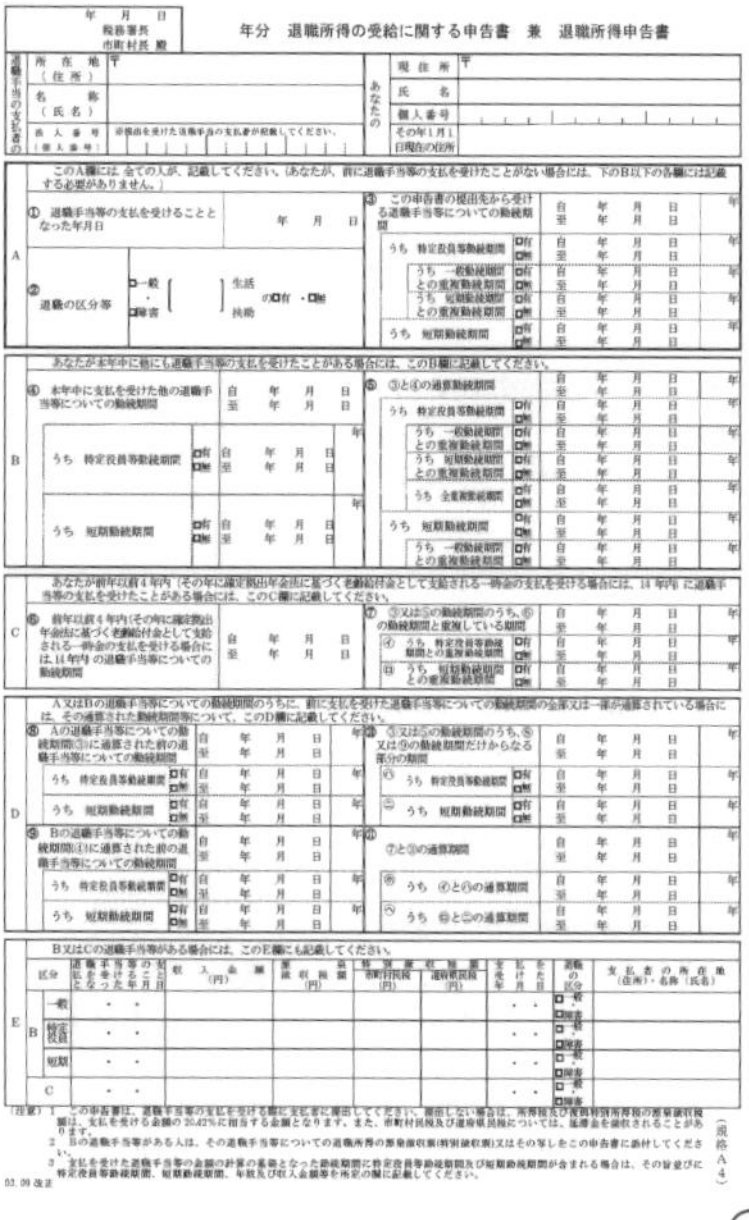
年　月　日
税務署長
市町村長 殿
年分　退職所得の受給に関する申告書　兼　退職所得申告書
退職手当の支払者の　所在地（住所）　名称（氏名）　法人番号（個人番号）
あなたの　現住所　氏名　個人番号　その年1月1日現在の住所
このA欄には、全ての人が、記載してください。（あなたが、前に退職手当等の支払を受けたことがない場合には、下のB以下の各欄には記載する必要がありません。）
① 退職手当等の支払を受けることとなった年月日　年　月　日
② 退職の区分等　□一般・□障害　生活扶助の□有・□無
③ この申告書の提出先から受ける退職手当等についての勤続期間　自　年　月　日　至　年　月　日
うち　特定役員等勤続期間　□有 □無
うち　一般勤続期間との重複勤続期間　□有 □無
うち　短期勤続期間との重複勤続期間　□有 □無

退職所得申告書は国税庁のホームページ（https://www.nta.go.jp/taxes/tetsuzuki/shinsei/annai/gensen/annai/1648_37.htm）からダウンロードできるほか、勤務先によっては退職時に配布されることもあります。

一時金でもらうと一部が非課税

▼一時金の方がお得の場合もある

退職金の受け取り方法は所属している会社の退職金規定によって異なります。

「一時金」「年金」「一時金と年金の併用」「前払」など、さまざまな受け取り方法がありますが、年金での受け取りと一時金での受け取りを比べた場合、所得税や住民税の課税対象となる可能性が高い年金での受け取りより、退職金の一部が非課税となる一時金での受け取りの方が得することが多いようです。

一時金の控除額の計算

勤続年数	退職所得控除額
20年未満	40万円×勤続年数 （80万円に満たない場合には80万円）
20年超	800万円＋70万円× （勤続年数－20年）

勤続38年

大学卒業
22最で入社

60歳で
定年退職

「退職所得控除」
はとても大きな
非課税枠

800万円＋70万円×（勤続38年－20年）

＝2060万円が控除される

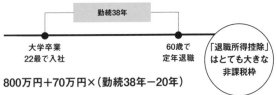

年金型で運用利益分がもらえる

▼運用次第で増額の可能性もある

先述の通り、一時金で退職金を受け取る方が退職所得控除を受けられるため、得する場合が多いことは事実ですが、年金での受け取りにもメリットはあります。年金受け取りにした場合は会社が退職金を運用してくれるため、運用利益分を上乗せして受け取ることもでき、運用実績次第では一時金受け取りよりも増額される可能性もあります。事前に会社の運用実績を確認しておきましょう。

年金受け取りのメリット

一時金受け取りのメリット	年金受け取りのメリット
税金や社会保険料を抑えることができる	元本に対して運用益1～3%が上乗せされる（企業年金毎で違いあり）
住宅ローンの返済などに有利	定期的な安定収入になる

会社が運用してくれる

※年金受け取りの場合は雑所得として税金がかかる場合があります。運用率やかかる税金を計算して自分に合う方を選択ましょう。

納め過ぎた所得税の還付を受ける

▼再就職しない場合は確定申告する

定年退職後すぐに再就職した場合、再就職先が前勤務先の給与を含めて年末調整するため、所得税を納め過ぎは解消されますが、退職後に再就職しない場合は年末調整を受けられないため、納め過ぎた所得税がそのままの状態になります。年末調整の還付金を受けるためには退職した翌年の2月16日から3月15日の間に確定申告する必要があります。給与所得の源泉徴収票など添付書類を事前に準備しておきましょう。

確定申告の有無

確定申告が必要	確定申告は不要
再就職をしない 再就職後、1年以内に再度退職	再就職先で 年末調整を受ける
↓	↓
こっちが得! 確定申告をして納めすぎた **所得税を還付**	再就職先での前の勤務先の給与も含めて **年末調整**

確定申告は❶源泉徴収票と国民年金保険料などの控除証明書を準備。❷税務署または国税局のホームページか確定申告相談会場で申告書を入手。❸税務署か還付申告センターかe-Taxのいずれかで手続きという流れで行います。

補聴器を購入すると一部が助成

▼医療費控除の対象となる場合もある

補聴器購入にあたっては一般的な健康保険、介護保険、医療保険は適用されませんが、障害者総合支援法による支給制度や市区町村独自の助成制度が用意されています。障害者総合支援法の支給制度では現金支給ではなく、相当額の補聴器と交換できる「補装具費支給券」が発行されます。市区町村の助成制度は各市区町村により違いがあるので利用の際は居住地の役所福祉課で確認しましょう。

補聴器の補助金申請の流れ

1	補聴器店で相談
2	役所へ申請書類を取りに行く
3	指定医師による診察を受ける
4	補聴器販売店で補聴器の見積書を作成してもらう
5	障害福祉課窓口で申請する
6	補聴器販売店で補聴器を購入する

バリアフリーの補助金を活用する

▼介護保険や自治体の補助金を活用

自宅をバリアフリー化する場合は、介護保険や自治体による補助金制度を活用しましょう。介護保険は要介護・要支援認定者に対して上限20万円まで補助金がおります。自治体の補助金制度は各自治体によって異なりますが、手すり設置で3～10万円程度、段差解消は1～20万円程度の補助金を受けられます。ただし、自治体の補助金は改修工事の着工前に申請する必要があるので注意が必要です。

介護保険の補助金と自治体の助成金

	介護保険による補助金制度	自治体からの補助金制度（千代田区 介護予防住宅改修など給付）
対象者	要支援・要介護認定を受けている人	千代田区に住む、介護認定を受けていない65歳以上の人
本人負担割合	10～30%	10%
支援限度基準額	20万円	
工事内容	（介護保険適用可能な工事例） 「手すり設置」「段差解消」「床材変更・滑り止め設置」 「扉変更・取り換え」「便器取り換え」 「上記工事のために必要となる工事」	

出所：東京都ホームページ、千代田区ホームページ

介護保険と自治体の補助金の重複利用はできません。また、自治体の補助金は自宅改修の着工前に申請しなければいけないのと自治体の予算が上限に達すると早期に締め切る場合がある点は注意が必要です。なお、保険適用の場合はケアマネージャーと相談しましょう。

子どもの国民年金を立て替えする

▼社会保険料控除を受ける

同居する子どもの国民年金の保険料を肩代わりしている人は所得控除の対象となります。控除の対象となるのは、生計を一にする子どもの年金保険料です。すでに独立して自分の給与で生計を立てている場合や結婚して実家を出ている場合などは対象外です。本年分に支払った保険料であれば、過去の年分の支払いであっても控除の対象となるので、数年分まとめて納付した場合でも控除の対象となります。

親が年金を支払った場合の節税効果

生計を一にする
子どもがいる場合

▼

子どもの分の
保険料を払うと
所得控除の
対象に

●親（所得500万円）が1年分の保険料を支払った場合

子どもの保険料（月）

1万6520円※×12カ月

子どもの保険料（年）

=19万8240円

控除額　所得税率

19万8240円×20%

（所得により5〜45%）

税軽減額

=3万9648円 ← 約4万円軽減

※令和5年度の定額保険料

保険料を肩代わりする節税方法のほか、20歳を超えた子どもでも学生のうちは保険料の支払いを猶予してもらう学生納付特別制度もあります。ただし、将来受け取る年金額を増額するためには10年以内に保険料をさかのぼって納めること（追納）が必要です。

親を扶養家族に入れて節税する

▼扶養控除を受ける

親を扶養家族に入れると所得税や住民税が控除されるので節税効果があります（課税所得350万円（税率20％）の場合、48万円控除を受けると9万6千円）。さらに親が75歳未満であれば子である自分の健康保険に保険料の負担なしで加入できます。3親等以内の親族であれば健康保険の扶養が可能ですが、65歳以上の親を扶養に入れた際は介護保険料や高額医療費の負担額が上がる場合もあるので注意が必要です。

親を扶養家族に入れる場合の節税効果

メリット

- 所得税、住民税の控除が受けられる
- 自分の健康保険に保険料なしで加入させることができる

扶養親族	所得税控除額	住民税控除額
70歳未満	38万円	33万円
70歳以上（別居）	48万円	38万円
70歳以上（同居）	58万円	45万円

デメリット

- 高額療養費制度の自己負担限度額が高くなる

持病を持っているもしくは病気がちな親の場合は介護保険料や高額医療費の負担額が上がる場合もあるので、必ずしも節税効果があるとはいえません。自分の親の健康状態をふまえて検討するようにしましょう。

生命保険に加入して節税する

▼所得税・住民税を控除する

生命保険に加入すると生命保険の掛け金に応じて所得税や住民税を控除する生命保険料控除を受けることができます。平成24年以降は介護保険でも一定額の所得控除を受けられます。生命保険料控除の上限額は所得税で最大12万円、住民税で最大7万円です。生命保険料控除の申請には保険会社から毎年10月頃に送付される生命保険料控除証明書が必要となるので、送付されたら紛失しないよう保管しましょう。

生命保険料控除額の金額

保険料の支払いで、備えをしながら控除が受けられる

扶養親族	所得税		住民税	
区分	年間払込保険料額	控除額	年間払込保険料額	控除額
一般生命保険料・介護医療保険料・個人年金保険料（税制適格特約付加）	2万円以下	払込保険料全額	1万2000円以下	払込保険料全額
	2万円超～4万円以下	（払込保険料×1/2）+1万円	1万2000円超～3万2000円以下	（払込保険料×1/2）+6000円
	4万円超～8万円以下	（払込保険料×1/4）+2万円	3万2000円超～5万6000円以下	（払込保険料×1/4）+1万4000円
	8万円超	一律4万円	5万6000円超	一律2万8000円

※平成24年1月1日以後に締結した「新契約」

地震保険の加入で所得控除する

▼最大で5万円の所得控除ができる

地震保険に加入している場合は保険料や加入時期に応じて一定額がその年の課税所得額から差し引かれる所得控除が受けられます。控除額は所得税で最大5万円、住民税で最大2万5000円が控除されます。ただし、地震保険は火災保険とセットで加入する保険であり、地震保険単独で加入できないので注意が必要です。火災保険に併せて加入してはじめて控除を受けられます。

地震保険料の控除額

保険料に応じた一定額が所得税・住宅税から控除される

	(A)地震保険料		(B)経過措置適応の長期損害保険料	
	年間払込保険料額	控除額	年間払込保険料額	控除額
所得税（国税）	5万円以下	払込保険料	1万円以下	全額
	5万円超	一律5万円	1万円超〜2万円以下	（払込保険料×1/2）+5000円
			2万円超	一律1万5000円
住民税（地方税）	5万円以下	払込保険料×1/2	5000円以下	払込保険料全額
	5万円超	一律2万5000円	5000円超〜1万5000円以下	（払込保険料×1/2）+2500円
			1万5000円超	一律1万円

(A)と(B)両方ある場合の最高額の合計は、「所得税:5万円」「住民税:2万5000円」

この地震保険控除は地震災害の多い日本において国民が災害に備えて自助努力することを支援する目的で作られました。なお、平成18年12月31日までに締結した長期損害保険等は、従来の損害保険料控除が適用できます。

雑損控除で損害を軽減する

▼災害で被災した場合は雑損控除

自身や津波、土砂災害といった自然災害や盗難や横領といった犯罪被害に遭った場合は雑損控除によって一定金額の所得控除を受けることができます。雑損控除の手続きは差し引き金額を計算して確定申告書に記載して行います。雑損控除の対象となるには、その資産が家や車など生活に必要な財産であること、資産の持ち主が納税者本人か生計が同一の親族であることが条件となります。

雑損控除で損害分を控除する

災害などで被害を受けた金額のうち一定額が控除される

いつ	確定申告時
どうする	確定申告時に記載 被害額提出用の証明書や領収書を提出
控除額	

- (損害金額＋災害等関連支出の金額―保険料等で補填される金額)―(総所得金額等の合計額)×10%
- (災害関連支出の金額)―5万円

いずれか多いほうの金額が控除される

詐欺、脅迫、紛失等による損失や書画・骨とう・貴金属など（1個または1組30万円超のもの）、別荘などの生活に通常必要出ない資産の損失は対象になりません。

ふるさと納税で税金を控除

自治体へ寄付して節税する

ふるさと納税とは、自分で選んだ自治体に寄付することで寄付額の２０００円を超える分について、所得税・住民税から控除を受けることができる制度です。ふるさと納税の納付者は納付先の自治体より返礼品を受け取ることができます。また、ふるさと納税には、所得や家族構成などで決まる「控除上限金額」があり、控除を受けるには寄付金の受領書が必要となるので事前に準備しておきましょう。

ふるさと納税の控除額

いつまで	その年の年末まで	いつまで	確定申告の申請期限（翌年3月15日）
なにをする	好きな自治体に寄付する	なにをする	確定申告時に寄付を証明する書類（受領書）を提出

自治体ごとに必ず受領書をもらう!

・所得税が控除・還付される

（寄付金額—2000円）×所得税率

・翌年の住民税が控除される

（ふるさと納税ワンストップ特例）確定申告不要な給与所得者などで、ふるさと納税を行う自治体の数が5団体以内である場合に限り申請ができる制度です。所得税からの控除は行われず控除額全額が次年度住民税から減額されます。

知ってる人だけ得する

第2章

定年前後の働き方と雇用保険

年金新世代の新常識

定年後の働き方と給付金

▼定年後に働く場合の3つの選択肢

従来であれば定年後は退職金と年金で悠々自適なセカンドライフを送るのが一般的でしたが、ライフスタイルの変化や多様化した働き方が要因となり、近年は定年後も働くという人が多くなってきました。定年後に働く場合、退職した企業でまた働く「再雇用」、新しい職場で働く「再就職」、フリーランスで働く「自営業」と大きく3つの選択肢が考えられます。自分にあった働き方を検討しましょう。

定年後の働き方

再雇用	・同じ勤め先で継続して働くこと ・労働環境の変化が少ない ・契約内容によっては給与が減少することがある ・失業保険は受け取れない
再就職	・別の勤め先で働くこと ・労働環境の変化が大きい ・新しい業種・職種にチャレンジできる ・就職活動中は所定の失業保険を受け取れる
自営業	・個人で事業を経営すること ・勤務場所や勤務時間を自由に選択できる ・収入に波が発生しやすい ・所定の手続きを行うことで、開業後に再就職手当を受け取ることができる

高年齢者雇用安定法は、定年年齢は60歳を下回ってはならず、❶65歳までの定年の引上げ❷65歳までの雇用継続❸定年制の廃止の措置が必要です。また70歳までの就業確保が努力義務化され、2021年は65歳以上の約4人に1人が働いています。

定年後の労働を支える制度

退職後もスムーズに働き続けるためには公的制度を活用しましょう。ただし、再雇用されるか再就職するか、再就職なら就職する年齢によって利用できる制度が異なります。たとえば、60歳以降の就職活動では失業保険を受給できますが、65歳以降は失業保険の対象外なので、高年齢求職者給付金を受給できます。そのほかにも再就職手当など様々な制度を活用できるので事前にチェックしておきましょう。

自営業で働く際に活用したい制度

退職後にフリーランスで働く自営業の人は会社員時代よりも福利厚生や収入が不安定になるという不安要素があるかと思います。２０２２年7月より自営業者の雇用保険受給期間が最長3年間延長できる特例が開始されました。この特例を活用することで特例申請を出しておけば事業が休業・廃業した場合でも原則の1年間と合わせて合計4年間受給期間が延長され、基本手当を受けられます。申請はハローワークなどで行います。

定年後の再就職で使いたい制度

70歳以降に働く / 65歳以降に働く / 60歳以降に働く

転職活動中

高年齢求職者給付金

65歳以上で求職活動を行う人が、30～50日間受け取ることができる

失業保険と年金を同時に受給

失業保険（基本手当）

65歳未満で求職活動を行う人が最大150日間受け取ることができる。（定年退職後）

就職決定

再就職手当

失業保険の支給残日数が3分の1以上かつ30日以上ある時にもらえる

※退職後、失業保険を受けていない場合は、代わりに「高年齢雇用継続基本給付金」を受け取れます

就職後

マルチジョブホルダー制度

複数の事務所で働く65歳以上の人の1週間の就労時間が合計週20時間を超えていれば雇用保険に加入できる

高年齢雇用継続給付金

同じ会社に再雇用された後、給与が75%未満まで下がった時に受け取れる

60歳以降の雇用保険等に関する制度はある程度充実していますが、各種手続きは必要になります。また働き方は多様化していますので、より良い制度を選択しましょう。

自営業者が使いたい制度

自営業者の悩み①　福利厚生が不安定・休廃業した際の対応が不安

けがを負って
休業したいけど
収入がなくなって
しまう

・病気やけがを負ったときの
負担が大きい

活用したい
制度

雇用保険受給期間の特例

雇用保険の基本手当の受給期間は原則離職日の翌年から1年以内だが、この特例によって最大3年間延長できる

**事業を休廃業した場合でも
再就職活動を行えば
基本手当を受給できる**

自営業者の悩み②　開業に費用がかかる場合がある

自営業
始めたいけど
資金がたりない

・開業のために費用が
かかる場合がある
・退職金をすべて使うと貯蓄が
減少してしまう

活用したい
制度

**日本政策金融公庫の
シニア向け融資**

55歳以上の人が受けられる融資。比較的低金利で、新しい事業の設備資金や運営資金を借りることができる

**最大7200万円まで
融資を受けられる**

パート・アルバイト勤務で利用できる制度

失業保険（基本手当）　雇用保険に加入していた人が、退職後、ハローワークで休職の申し込みを行い、以降も働く意思がある状態であれば受給可能

自営業者としてスタートする時に法人設立と考える方もいると思います。法人のメリットはありますが費用負担もありますので、まずは個人事業主でスタートし、いずれ法人化するという方法もあります。

公共職業訓練で失業保険を延長

▼無料で利用できる公共職業訓練

失業保険を受給している場合は公共職業訓練を受けることができます。公共職業訓練とは、国や自治体もしくは国や自治体から委託されている民間の教育機関において、再就職に必要な資格を取得したり、スキルを身につけることができるサービスです。公共職業訓練はテキスト代などの実費をのぞき無料で受講できるので、退職後に再就職する人が新たな資格やスキルが必要となる場合は利用したいサービスです。

▼失業保険の受給期間が延長になる

公共職業訓練は無料で受講できるサービスですが、実際に公共職業訓練を受講した場合、受講手当と通所手当も支給されます。受講手当は訓練を受けた日に日額５００円で上限額40日間２万円を失業保険に上乗せして受給できます。通所手当は通所場所や方法によって支給額が変わるものの、回数制限なく月額上限４万２５００円を受給できます。また、公共職業訓練中は訓練終了まで失業保険の受給期間が延長されます。

公共職業訓練の利用例

訓練を受講できる条件

▶離職中であること
▶失業保険の所定の日数分の
支給を受け終わる前であること

失業保険の所定給付日数	訓練を受けるために必要な残日数（給付制限のない場合）
90日	支給終了まで
120日	支給終了まで
150日	30日
240日	90日
360日	210日

申し込み先　最寄りのハローワーク窓口

注意：訓練のコースによっては倍率が高く、必ず受講できるわけではない

いくらもらえる？

受講手当　日額 **500円**
上限は40日分の2万円（失業保険に上乗せされる）得する！

通所手当　月額上限 **4万2500円**
通所方法・場所によって支給額が変わる。回数の制限はなし

さらに、訓練の受講終了まで失業保険の給付期間が伸びる！　得!!

公共職業訓練は受講料が無料のうえ、受講手当や通所手当も支給され、さらに公共職業訓練中は訓練終了まで失業保険の受給期間が延長されます。公共職業訓練の受講の申し込みはハローワークで申込できます。

失業保険の受給期間を延長する

最長3年間延長できる

定年退職後に何らかの事情で再就職活動ができない場合は失業保険の受給期間を延長できます。延長できるのは3年間で、労務不能になった翌日から30日以降、受給期間内であればいつでも申請することができます。受給期間を延長する場合は受給期間延長申請書を最寄りのハローワークの窓口に提出するか郵送して申請します。最終日から数えて給付日数が収まるように早めに手続きしましょう。

受給期間延長の条件

失業保険は諸事情で再就職活動できない場合に限り3年間延長できますが、申請条件があります。まず大きな怪我や病気により医師から労務不能の診断を受けた場合、次に近親者の介護などで活動できない場合、そして、青年海外協力隊など海外ボランティアに参加した場合などです。こうした条件に当てはまった場合のみ、受給期間延長の申請が可能になります。申請前に諸条件を確認しておきましょう。

失業保険受給期間の延長

例　20年以上勤めていた会社を退職した場合（給付日数150日）

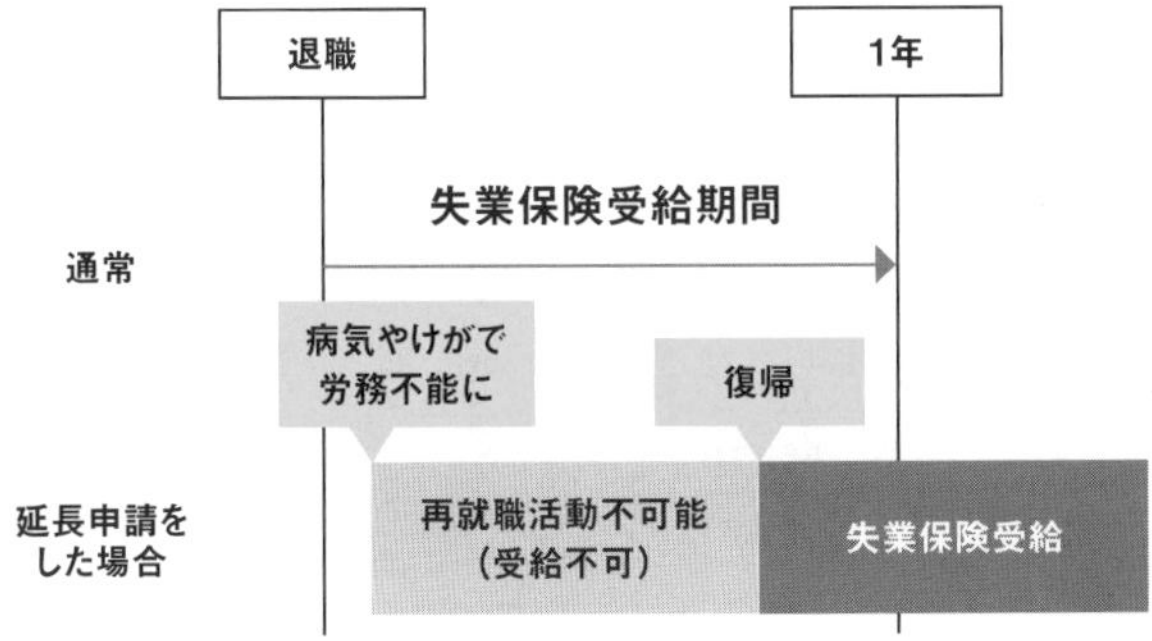

▼

受給期間を延長（最長3年）して満額受給　得!!

受給期間延長申請書を提出

いつまでに	労務不能になった翌日から 30日以降に早期に申請（4年間）
どこで	ハローワークの窓口または郵送
延長の条件	「病気、けが」「親族の介護」など

失業保険は申請資格の諸条件を満たしている受給者に限り、3年間延長することができます。失業保険受給期間の延長は受給期間延長申請書を最寄りのハローワークの窓口に提出するか郵送して申請します。

失業保険を休業してから受給する

▼通常は定年退職翌日から1年間

定年退職後に再就職活動する場合、再就職活動中は失業保険を受給できますが、退職後の再就職活動する前に一度休養したい場合、失業保険の受給期間を延長できます。通常、失業保険の受給期間は定年退職した翌日から1年間で、受給期間の延長を申請せずに休養してしまうと、受給日数が残っていても1年経った時点で受給期間が終了するので、満額支給できません。60歳以上の定年退職等による離職の場合、失業保険の受給期間は1年間に限り延長することができます。失業保険受給期間の延長の申請は退職日の翌日から2ヵ月以内の間に受給期間延長申請書を最寄りのハローワークの窓口に提出するか郵送して申請します。受給期間を3年間延長する際には申請条件がありますが、定年退職等による1年間延長の場合は申請期間内であれば無条件で申請できます。ただし、延長手続きは退職した翌日から2ヵ月以内に行う必要があります。

休業で受給期間を延長する

例 **20年以上勤めていた会社を退職した場合（給付日数150日）**

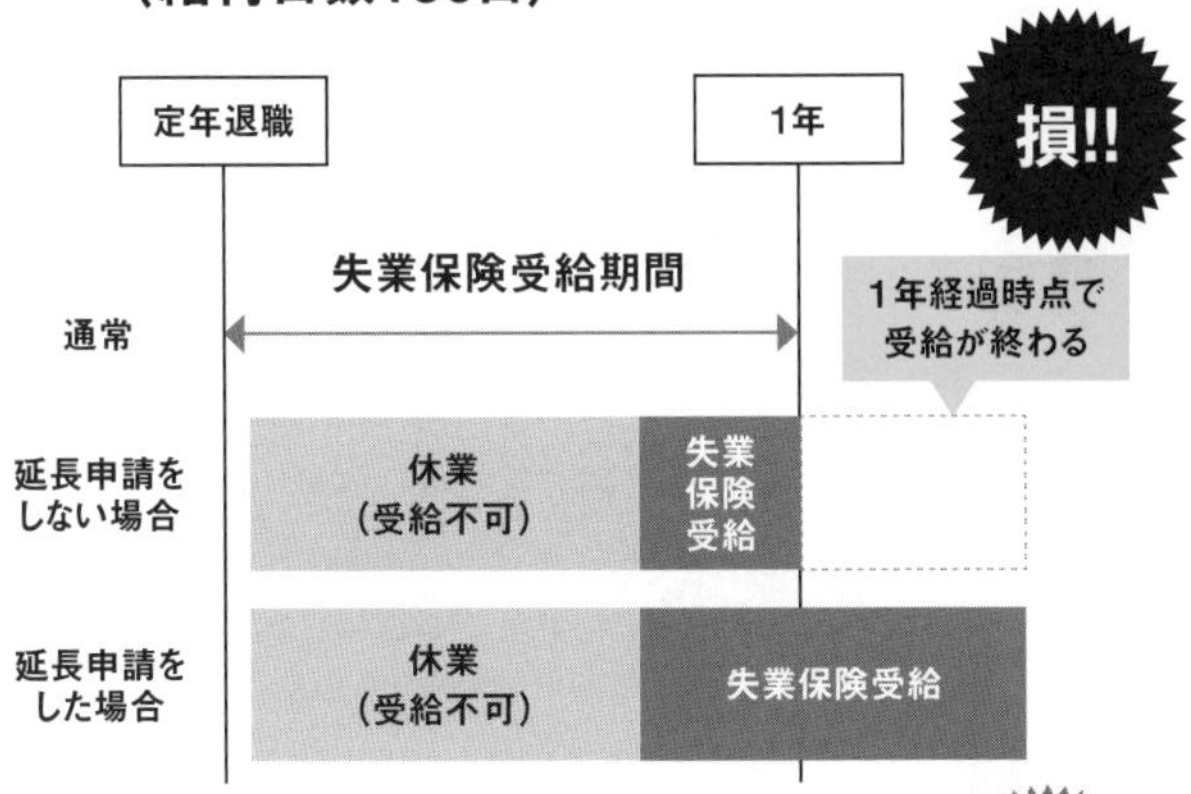

▼

受給期間を延長して満額受給 得!!

受給期間延長申請書を提出

いつまでに	退職の翌日から2ヶ月以内
どこで	ハローワークの窓口

失業保険の受給期間を最長1年延長できる

受給期間を3年間延長する場合は申請条件がありましたが、1年間延長の場合は退職日の翌日から2カ月以内であれば無条件で申請できます。3年の延長申請する際と同じく受給期間延長申請書をハローワークの窓口に提出するか郵送します。

高年齢求職者給付金を受給する

▼65歳以上は失業保険の対象外

失業保険の受給資格は64歳までとなっています。したがって、仮に65歳で退職した場合は失業保険の対象外となってしまい、失業保険を受給することができません。65歳以上で退職した場合は高年齢求職者給付金を受給しましょう。高年齢求職者給付金とは、高年齢被保険者が失業した場合に一時金として支給される手当で、65歳以上で受給条件を満たせば受給することができます。

▼高年齢求職者給付金の受給条件

65歳以上の高年齢被保険者が受給できる高年齢求職者給付金は離職日以前の1年間で雇用保険加入期間が合計6か月以上あり、なおかつハローワークで再就職活動を行っている場合に受給可能です。現在では65歳以上でも雇用保険加入が可能になっているので、条件を満たせば何度でも雇用保険に加入して、失業後に高年齢求職者給付金を受給することができます。65歳以上で再就職活動する場合はチェックしましょう。

高年齢求職者給付金

ハローワークでの転職活動で給付金をもらう

65歳を超えて退職したため、
失業保険がもらえない

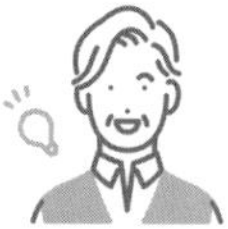

↓

条件を満たしてハローワークで
再就職活動をすると
高年齢求職者給付金
がもらえる

受給できる人	・65歳以上で求職活動を行っている ・離職日以前１年間で加入期間が6ヶ月以上ある
どこで	ハローワーク窓口
必要なもの	・離職票・マイナンバーカード・写真・ 預金通帳またはキャッシュカード

加入期間	支給日数
1年未満	30日分
1年以上	50日分

高年齢求職者給付金の申請には離職票、マイナンバーカード、預金通帳、証明写真が必要になります。離職日以前1年間の賃金支払基礎日数が足りない場合は賃金の支払の基礎となった時間数が80時間以上の月を1か月として計算します。

失業保険と年金を両方受給する

▼通常であれば不可能な両方受給

定年退職後に再雇用などで働く場合、64歳までは失業保険を受給することができます。失業保険は高年齢求職者給付金よりも受給額が大きいので、失業保険受給するためには退職するなら64歳までに退職するのがセオリーですが、その一方で64歳のうちに失業保険を受給し始めてしまうと、失業保険の受給期間終了まで老齢厚生年金の受給ができなくなってしまうデメリットもあります。

▼65歳未満ギリギリで退職する

通常であれば失業保険と老齢厚生年金の同時受給はできませんが、65歳の誕生日を迎える前々日までに退職して、65歳の誕生日を迎えてからハローワークで求職を申し込み失業保険の申請を行うことで失業保険と老齢厚生年金の同時受給が可能になります。ただし、所属する会社の就業規則によっては「自己都合退職」の扱いになり、給付制限等がついてしまう可能性もあります。

65歳直前の退職で総受給額が増える

POINT❶

64歳で退職して65歳で申請する

いつ	64歳11ヶ月
行うこと	退職する

→

いつ	65歳以降
行うこと	ハローワークで基本手当（失業保険）の申請

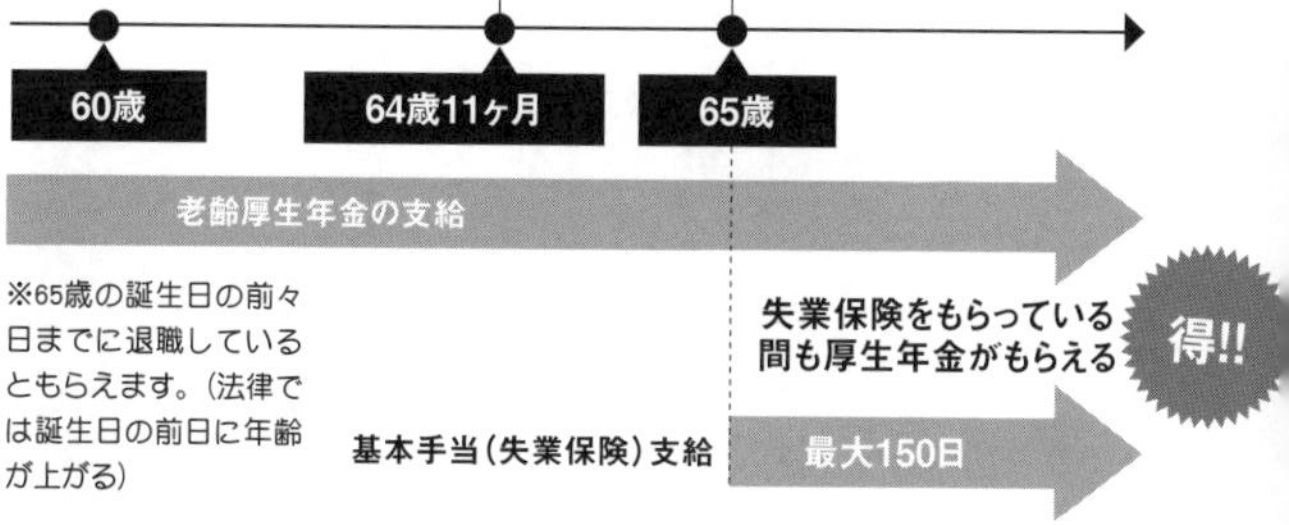

POINT❷

ほかのタイミングで退職・申請をした場合

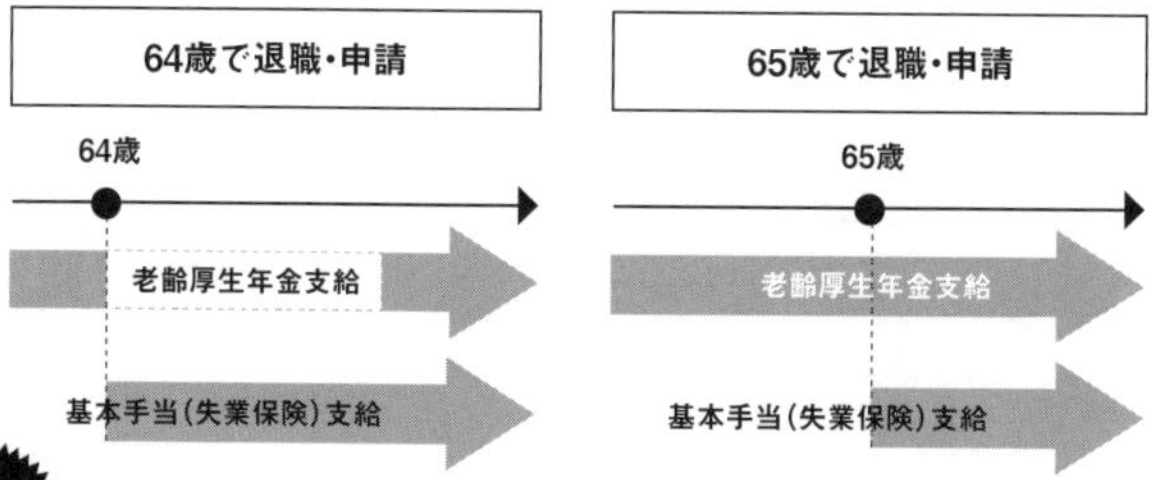

損!!

基本手当はもらえるが、基本手当受給中は厚生年金がもらえない

厚生年金はもらえるが、高年齢求職者給付金がもらえるのは最大50日

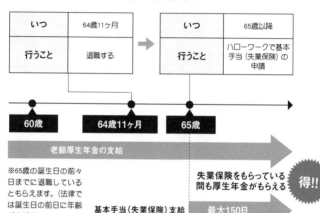

足りない分の年金は補助される

▼要件を満たすと案内が送付される

公的年金などの収入やその他の所得額が一定基準額以下の場合は日本年金機構から9月以降に年金生活者支援給付金の請求手続の案内が送付されます。受給要件は65歳以上の老齢基礎年金の受給者、同一世帯の全員が市町村民税非課税、前年の収入所得の合計額が878900円以下という3要件です。年度当初は支給要件に非該当でその後に生活環境に変化があり該当者になった場合は居住地の役所へ相談しましょう。

年金生活者支援給付金の案内

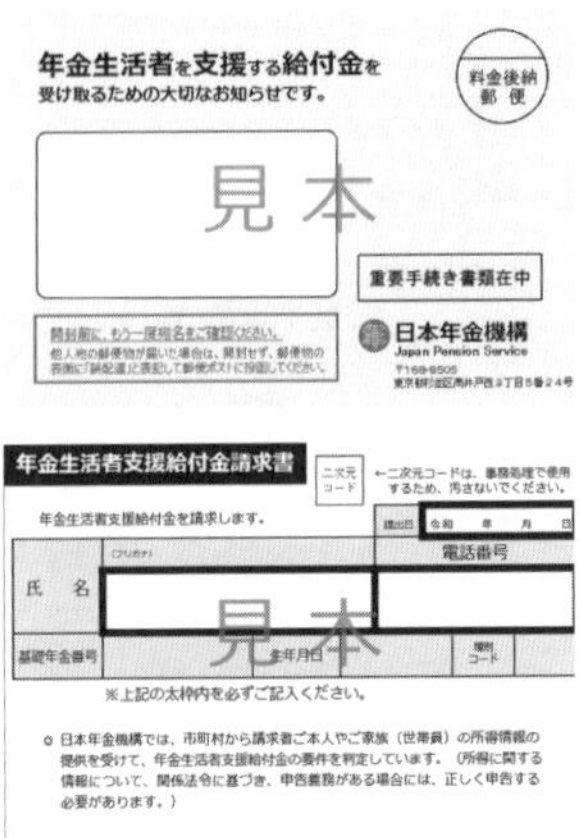

（年金生活者支援給付金請求書（はがき型））年金生活者支援給付金の支給額は保険料納付期間に基づく額＋保険料免除期間に基づく額となり、毎年変動します。また、人によって支給額が異なるため、事前に確認しておきましょう。

給与が下がったら給付金を申請

▼高年齢雇用継続給付金を申請する

定年退職後に再雇用という形で同じ会社に再就職した場合、定年前より給与が下がってしまうことがありますが、もし再雇用により給与が定年前の75％未満まで下がってしまったときは高年齢雇用継続給付金を申請しましょう。給与の低下率によっては最大で給与の15％が受給可能になります。受給資格は60～65歳未満の雇用保険被保険者かつ被保険者期間が5年以上の者で、支給申請は原則事業主を通して行います。

高年齢求職者給付金の支給例

定年退職後、継続雇用で働く給与が60歳時点の75％未満に下がった ▶ 高年齢雇用継続給付金の申請で、継続雇用後の給与の最大15％の金額が支給される

どこで	事業主を通して申請（本人からの申請も可能）	受給資格	・60歳以上65歳未満の雇用保険被保険者 ・被保険者である期間が5年以上
いつまでに	支給対象月から4ケ月以内		

例

定年前の給与	30万円
継続雇用後の給与	18万円

➡ 定年前の60％に

▼

継続雇用後の給与18万円×15％
＝2万7000円が支給される

※各月の賃金が370452円を超える場合は支給されません（この額は毎年8月1日に変更）

早期に再就職して給付金をもらう

▼再就職手当を申請する

失業保険を受給中に早期に再就職すると再就職手当が受給できます。再就職手当とは、失業保険の受給者が早期に再就職した場合に申請すると受給できる給付金です。失業保険の支給日数を1／3以上残して再就職した場合に残った失業保険の日額の60〜70％を再就職手当として受給します。再就職手当は非課税のため、再就職先からの給与をもらいつつ、再就職手当の受給が可能です。

再就職手当の支給額

得!!

条件

失業保険の支給期間を
残して再就職
支給残日数が3分の1以上かつ
30日以上ある

➡

残った基本手当の
60〜70%の額が
再就職手当として
もらえる

再就職先の給与＋非課税の手当がもらえる！

いくらもらえる?

失業手当の支給残日数が
3分の2以上
**基本手当日額×
支給残日数×0.7**

失業手当の支給残日数が
3分の2未満
**基本手当日額×
支給残日数×0.6**

いつまで	再就職日の前日	どこで	ハローワーク窓口で手続き

※基本手当日額上限5085円（60歳以上）

介護休業して給付金を受給する

介護休業給付を申請する

家族が病気や怪我により2週間以上の介護が必要となったときは介護休業給付を受給できます。申請対象となる介護する家族は親や妻や夫だけでなく、子どもや孫、兄弟姉妹も対象となります。給付額は休業前半年間の賃金を180日で割り、それに給付日数と67%をかけた額です。申請方法は介護休業の終了日より2カ月後の末日までに勤務先を管轄するハローワークに申請書を提出します。

介護休業給付の申請方法

受給できる人

- 介護休業を始める前2年間で12ヵ月以上雇用保険の被保険期間がある
- (有期雇用者の場合)休業開始から93日〜6ヵ月で契約が満了しない
- 家族が病気、けがで2週間以上の介護が必要
- 介護休業期間中、休業開始前の1ヵ月あたり80%以上の賃金が支払われていない
- 就業している日数が1ヵ月で10日以下

どこで　ハローワーク窓口

提出書類　提出者:事業者

「介護休業給付金申請書」「賃金を証明するもの」「事業主に提出した介護休業申請書」「家族の情報」など

得!!

いくらもらえる?

休業開始時賃金日額×支給日数×67%

(支給上限 341,298円)

失業中の生活の支えとなる給付金

▼失業等給付は4つに分類される

失業等給付は大別して「求職者給付」「就職促進給付」「教育訓練給付」「雇用継続給付」の4つに分類されます。失業中の生活の支えとなる給付金が「求職者給付」の基本手当となります。基本手当の受給対象者は65歳までの退職者で、誰でも受給できるものではなく、下図のようないくつかの条件を満たさないと受給できないものですが、受給期間の延長も申請できます。

失業等給付の主な条件

1	雇用の予約や就職が内定および決定していない失業の状態にあること
2	原則、離職前2年間に被保険者期間が12ヵ月以上あること
3	積極的に就職しようとする意思があること
4	いつでも就職できる能力（健康状態・環境など）があること
5	積極的に仕事を探しているにもかかわらず、現在職業に就いていないこと

失業等給付は積極的に再就職活動を行う者に対して支援する制度なので、受給するにはいくつかの条件があります。受給期間の延長も可能ですが、延長の申請もいくつかの条件によって延長期間が異なります。

失業等給付の分類

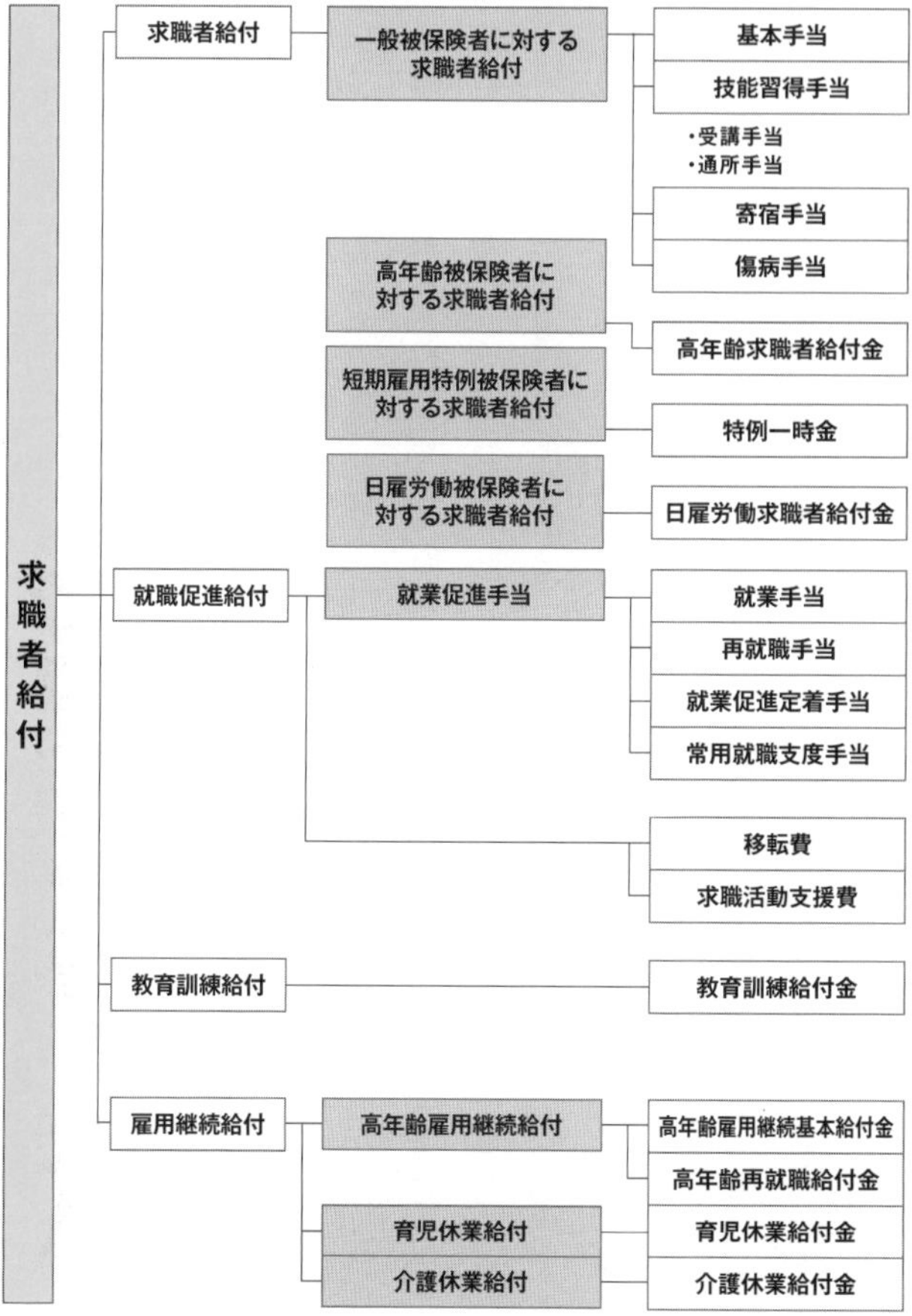

失業等給付は「求職者給付」「就職促進給付」「教育訓練給付」「雇用継続給付」の4つに分類されます。失業だけでなく再就職手当や介護休業手当なども含まれます。

短期の勤務時間で雇用保険に加入

▼合計で週20時間超なら加入できる

定年後の働き方で複数の職場で働くという人も少なくないと思います。65歳以上で２つ以上の事業主に雇用されている場合、２０２２年以前は各職場でそれぞれ週20時間の勤務実績がないと雇用保険に加入できませんでしたが、現在では各職場の勤務時間が合計で週20時間以上であれば雇用保険に加入することができます。そのほかの条件は各職場の雇用見込みが31日間以上あることです。

▼雇用保険マルチジョブホルダー制度

２０２２年より複数の職場で働く場合に各職場の勤務時間が合計で週20時間以上であれば雇用保険に加入することができるようになりましたが、この制度を雇用保険マルチジョブホルダー制度といいます。雇用保険マルチジョブホルダー制度を申請するには雇用被保険者資格取得届をハローワークに提出する必要があります。ハローワークへの提出は各事業所ではなく自分で提出しなければいけないので注意しましょう。

雇用保険マルチジョブホルダー制度

勤務時間が短くても雇用保険に入れる

・再就職後は複数の職場で働きたい
・定年後も雇用保険に加入したい

▶ 65歳以上で複数の事務所で働く人が雇用保険に加入できる

雇用保険マルチジョブホルダー制度での雇用保険加入

加入条件	・65歳以上で、2つ以上の事務所に雇用されている ・2つの事務所での1週間の所定労働時間が合計20時間以上 ・各事務所の雇用見込みが31日以上である		
どこで	ハローワーク	誰が	労働者本人
どうする	雇用被保険者資格取得届を提出		

例 65歳で2箇所の事務所で働く

事務所Aでの労働時間
週12時間

事務所Bでの労働時間
週12時間

1つの事務所で週5時間以上

合計
週24時間

2022年以前	2022年以降
事務所A、事務所Bのそれぞれの勤務時間が週20時間以上でないと加入不可能	事務所A、事務所Bでの勤務時間の合計が週20時間以上であれば加入可能

1週間の所定労働時間が合計週20時間以上であれば雇用保険に加入できる

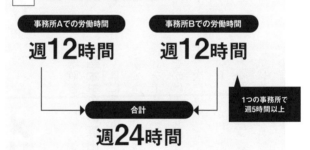

基本手当の上限が増えたメリット

▼2023年8月より上限が増額

65歳未満で退職して再就職活動を行う場合は失業保険の基本手当を受給できますが、基本手当の日額には上限があります。２０２３年８月より受給額の上限が増額され、60～65歳までの受給額が前年比で１１７円増えました。60～65歳までの場合、基本手当の給付日数が最低90日あるので、１１７円×90日間で１０５３０円増額されたことになり、同じく１５０日間の場合は1万７５５０円、２４０日の場合は２８０８０円の増額となっています。

▼基本手当の算出方法

１日に受け取れる基本手当は算出することができます。まず退職前6ヵ月の賃金の合計を１８０で割った金額に、所定の給付額をかけると基本手当の日額が算出されます。次に算出した基本手当の日額に所定の給付日数をかけると受給する基本手当の総額となります。失業保険の基本手当の総額が気になる場合はこのように事前に算出してみましょう。

60～65歳までの失業保険の基本手当

賃金日額（w円）※1	給付率	基本手当日額（y円）
2746円以上5110円未満	80%	2196～4087円
5110円以上11300円以下	80～45%	4088～5085円※2
11300円以上16210円以下	45%	5085～7294円
16210円超	―	7294円（上限額）

2023年8月から上限額が117円アップ！（前年比）

※1 退職前6ヵ月の賃金合計を180で割った金額
※2　y=0.8w - 0.35 {(w - 5110 / 6190) w、y=0.05w + 4520のいずれか低いほうの額

給付日数が90日の場合

117円×90日
＝10530円
の増額

給付日数が90日になる人

- 自己都合による退職
- 雇用保険の加入期間が1年以上10年未満
- 65歳未満で退職など

給付日数が150日の場合

117円×150日
＝17550円
の増額

給付日数が150日になる人

- 会社都合による退職
- 雇用保険の加入期間が1年以上5年未満
- 60歳以上65歳未満で退職

給付日数が240日の場合

117円×240日
＝28080円
の増額

給付日数が240日になる人

- 会社都合による退職
- 雇用保険の加入期間が20年以上
- 60歳以上65歳未満で退職

60以上65歳未満であれば基本手当の総額が

10530円～28080円増加

自営業は雇用保険期間を延長可能

▼特別申請を提出する

２０２２年７月より自営業者の雇用保険受給期間が本来の１年間に追加して休廃業までの最長３年間を受給期間に加える特例が開始されました。これにより離職後４年以内に事業が休業・廃業した場合でも、その後に基本手当を受けられるようになりました。特例申請の条件は事業実施期間が30日以上であることの他５つの条件があります。申請は事業開始日の翌日から２カ月以内に申請書をハローワークに提出します。

事業開始等による受給期間の特例

雇用保険受給期間の特例の具体例

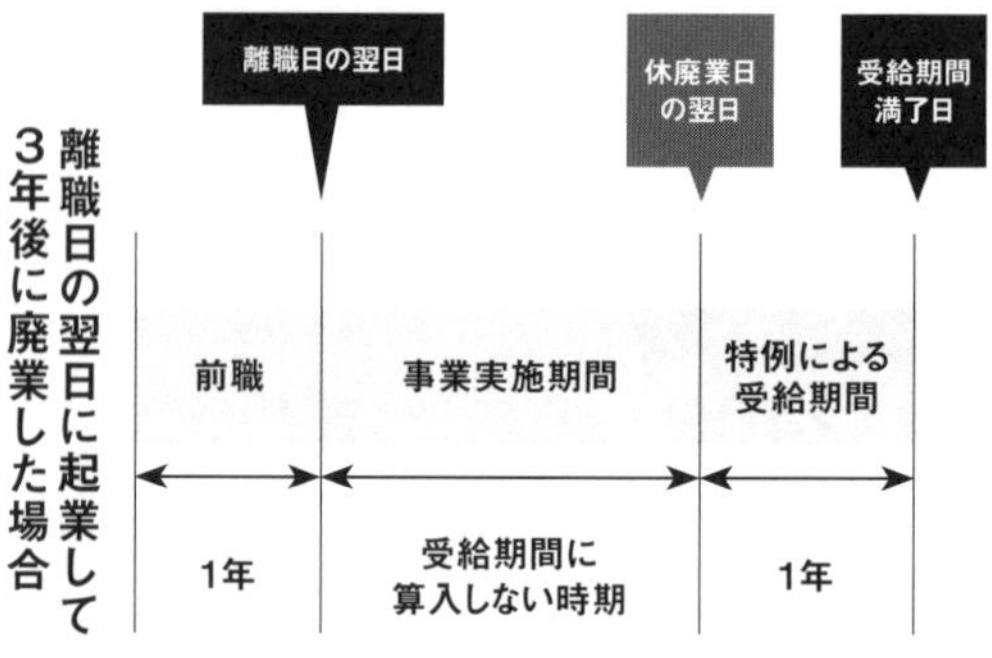

特例申請の要件

- 事業の実施期間が30日以上であること
- 「事業を開始した日」「事業に専念し始めた日」「事業の準備に専念し始めた日」のいずれかから起算して30日を経過する日が受給期間の末日以前であること
- 就業手当または再就職手当の支給を受けていないこと
- 当該事業により自立することができないと認められる事業ではないこと
- 離職日の翌日以降に開始した事業であること

退職後の開業で使える支援金

▼シニア向け新規開業資金

開業して自営業を営む場合、まず気になるのは開業資金をどうするかではないでしょうか。退職金すべてを開業資金に運用するのはリスクが高くおすすめできません。

そのようなときは日本政策金融公庫からシニア向け新規開業資金を借り入れするのも一手です。借り入れできる資金は最大で7200万円、返済期間は借入金の種類によって異なり、たとえば、設備資金の場合は20年以内の返済となります。

シニア起業家支援資金

対象者	新たに事業を始める人、または事業開始後おおむね7年以内の人のうち55歳以上の人
融資限度額	7200万円（うち運転資金4800万円）
返済期間	設備資金 :20年以内（うち措置期間2年以内） 運転資金 :7年以内（うち措置期間2年以内）

▼

退職金を手元に残しつつ
最大7200万円の開業資金を調達できる

利率の例

日本政策金融公庫における融資は、担保の有無などによって利率が変動する

担保が不要な場合	1.70 ～2.80%	担保を提供する場合	0.70 ～2.4%

不正受給は絶対にいけません

▼発覚すると3倍返しの罰則がある

失業認定申告書に記載する内容は自己申告した内容を記載するのが基本ですが、申告内容に虚偽があった場合は不正受給と見なされ、基本手当の減額や最悪のケースだと受給停止という厳しい処分が課されます。また、それまで支給された金額は全額返金、さらにその2倍の保険料の納付を命じられます。単発のアルバイトやわずかな収入があった場合でも正直に記載し、正しく申告しなければなりません。

不正受給の一例と処分例

雇用保険の不正受給例

ケース① 求職活動をしていない、もしくは、病気やケガで求職活動ができないのに「失業認定申告書」に活動したと偽りの申告

ケース② 単発でアルバイトや内職をしたが、わずかな収入だったため「失業認定申告書」にその事実を記さず、偽りの申告

ケース③ フリーランスで事業をはじめたが、「失業認定申告書」にその事実を記さず、偽りの申告

不正受給の処分例

①不正の行為のあった日以降のすべての給付を停止される
②不正に受給した金額を、全額ただちに返還しなければならない
③悪質な場合、不正の行為により受けた額の2倍の額の納付が命じられる
④返還や納付をしないときは、財産差押えなどの強制処分される
⑤特に悪質な場合は、刑事事件として刑法（詐欺罪）によって処分される

不正受給が発覚した場合、
不正受給した分の3倍返しと支給停止に!

知ってる人だけ得する

第3章

定年前後の年金

年金新世代の新常識

年金の「3階建て」とは？

階層化されている日本の年金制度

日本の年金制度はよく建物の構造に例えられて表現されます。日本の公的年金には国民年金と厚生年金がありますが、国民年金は国民全員が加入するため、厚生年金加入者も国民年金から脱退するわけではありません。つまり、1階である国民年金に上乗せする形で2階の厚生年金（報酬比例）があります。さらにその上に企業年金、確定拠出年金、国民年金基金があるので、日本の制度は3階建てと表現されます。

日本の年金制度の仕組み

個人年金保険

	企業型確定拠出年金DC	確定給付型企業年金	小規模企業共済	中小企業退職金共済
国民年金基金	厚生年金			
国民年金				

自営業者（第1号被保険者）	会社員など（第2号被保険者）	会社員などの妻（第3号被保険者）

公的年金制度は私的年金のように自分が支払った保険料がストック運用され戻ってくるわけではなく、現役世代が親世代を支えるために保険料を納付し、将来は子ども世代の保険料で支えてもらう世代間扶養の仕組みです。

日本の年金制度の各階層

年金の1階

1階部分に該当するのは国民年金です。国民年金は国民全員を対象とする年金で、20歳になると強制加入になります。

国民年金の加入対象者	20歳以上60歳未満の全ての人
国民年金保険料	1ヵ月あたり16,520円(2023年度)
国民年金による老齢年金給付	・65歳以降に老齢基礎年金を給付する ・年金額は795,000円(40年加入者)

年金の2階

2階部分は厚生年金です。厚生年金は会社員などを対象とする年金で、適用を受ける会社に勤める人や公務員などが加入します。

厚生年金の加入対象者	会社員や公務員など
厚生年金保険料	毎月の保険料額=標準報酬月額×保険料率(18.3%)[会社と折半]
厚生年金による老齢年金給付	・賞与の保険料額=標準賞与額×保険料率(18.3%) ・65歳以降に老齢厚生年金を給付する ・年金額は厚生年金に加入していた時の報酬額や加入期間等に応じて計算される額

年金の3階

3階部分は企業年金です。
給付額決定方法別に確定給付型と確定拠出型に分けられます。

単位別	企業型:企業を単位とする 個人型:個人を単位とする
給付額決定方法別	確定給付型:加入期間などに基づいて、あらかじめ給付額が決まっている 確定拠出型:拠出額と運営収益との合計額に基づいて、給付額が決定する

それぞれの組み合わせにより、以下のような年金があります。

確定給付企業年金(DB) =あらかじめ給付が約束されていて、運用で生じた不足分は企業が補填する年金です。規約型確定給付企業年金と基金型確定給付企業年金の2種類があります。
企業型確定拠出年金=企業が掛金を拠出して従業員が運用を行う年金です。
個人型確定拠出年金=個人が拠出を行う年金で、iDeCoと呼ばれます。拠出だけでなく加入申込み、掛金の運用の全てを、加入者が個人で行う年金です。

年金の4階

個人型確定拠出年金(iDeCo)は、ほかの私的年金に上積みすることができるので、4階建ての年金と位置付けられてます。

年金はいつから受給すべきか？

年金は繰り下げるほど高額にはなる

年金はいつから受給するかで年金額が大きく変わります。年金は基本的に65歳から受給できますが、繰り上げ受給や繰り下げ受給もできます。65歳より繰り上げると最大で24％減額されます。逆に65歳より繰り下げると最大は75歳開始で84％増額されます。84％増額して長期間受給すれば年金総額は上がりますが、当然、寿命は人それぞれなので、必ずしも年金総額が上がるとは限りません。

総額が最も多いのはいつごろか

仮に生涯年収平均５００万で年金未払い期間もなく22歳新卒から60歳で定年退職した場合の年金額が21万円とすると、85歳時点で受給総額が最も多いのは70歳から繰り下げ受給した場合。70歳時点で受給総額が最も多いのは60歳から繰り上げ受給した場合となります。年齢が若いときほど支出する金額が多くなるので、そうしたことを踏まえて受給時期を決めるのが最善でしょう。

老齢基礎年金、いくらもらえるか？

67歳以下の方（昭和31年4月2日以後生まれ）

20〜60歳の40年間の国民年金の納付月数や厚生年金の加入期間などに応じて年金額が計算されます。20〜60歳の40年間の保険料をすべて納めると、満額の老齢基礎年金を受け取ることができます。

[満額]795,000円（新規裁定者・40年加入・保険料完納者）

[保険料免除期間・未納期間がある人]

老齢基礎年金の年金額 ＝ 795,000円（注1）（令和5年度価格） × $\dfrac{\text{保険料納付済期間＋下記❶＋下記❷}}{\text{加入可能年金（下表参照）×12}}$

国庫負担2分の1引上げ（注2）前の被保険者期間

❶ 保険料4分の1免除期間 $\times\frac{5}{6}$ ＋ 保険料半額免除期間 $\times\frac{4}{6}$ ＋ 保険料4分の3免除期間 $\times\frac{3}{6}$ ＋ 保険料全額免除期間 $\times\frac{2}{6}$

国庫負担2分の1引上げ（注2）以後の被保険者期間

❷ 保険料4分の1免除期間 $\times\frac{7}{8}$ ＋ 保険料半額免除期間 $\times\frac{6}{8}$ ＋ 保険料4分の3免除期間 $\times\frac{5}{8}$ ＋ 保険料全額免除期間 $\times\frac{4}{8}$

（注1）既裁定者（昭和31年4月1日以前生まれは792,600円）

（注2）平成21年4月1日

●免除等期間について、あとから保険料を追納している期間は保険料納付済期間に含みます（学生納付特例、納付猶予の期間のうち保険料を追納していない場合、年金額には反映されません）。

●国民年金の付加保険料を納めた期間がある場合は、200円に付加保険料納付月数を乗じた額が老齢基礎年金（年額）に上乗せされます。

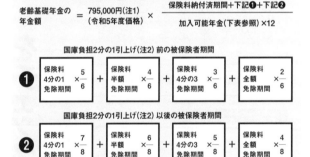

ねんきん定期便をチェックする

▼おおよその受給額がわかる

老後資金のなかで最も大きい安定収入となるのは公的年金です。65歳からどのくらい受給されるのか誰もが気になるところですが、ねんきん定期便をチェックするとおおよその受給額がわかります。ねんきん定期便は日本年金機構から毎年の誕生月に送付されるハガキです。50歳以上に送られてくるねんきん定期便には年金の見込み額が記載されているので、まだ確認していない場合は確認してみましょう。

ねんきん定期便のハガキ

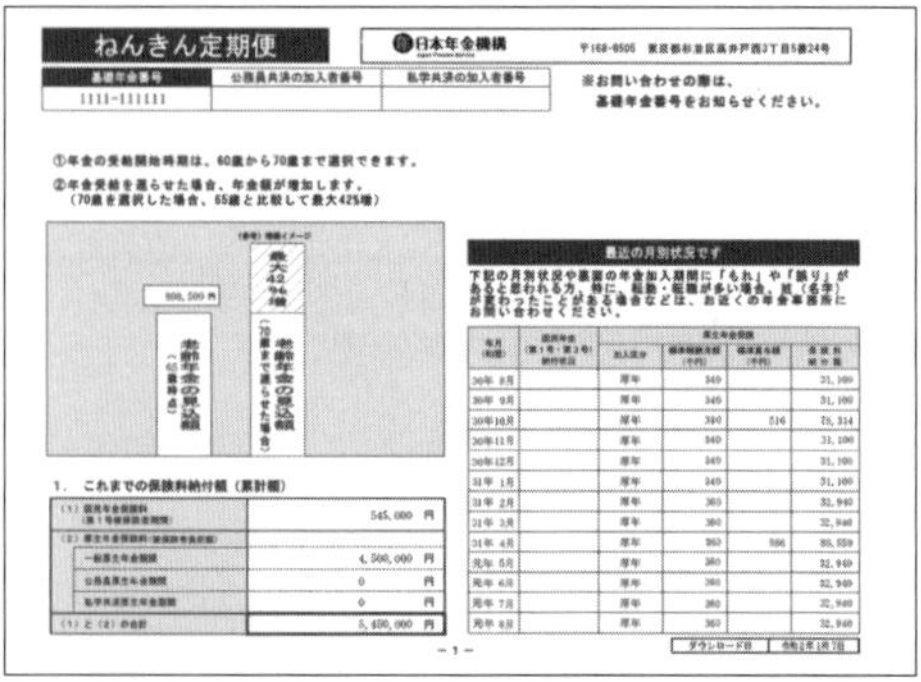

ねんきん定期便は圧着式のハガキ形式で毎年送付されます。また、35歳、45歳、59歳の場合にはA4サイズの封書で送られる形です。

ねんきんネットをチェックする

▼年金の見込み額を知る

前項ではねんきん定期便を解説しましたが、そのほかに年金の見込み額を知りたいときはねんきんネットをチェックするのがおすすめです。ねんきんネットでは納付した年金記録がわかるほか、年金の見込み額の試算や追納などが可能な月数と金額が確認でき、電子版のねんきん定期便も閲覧できます。また、スマートフォンやタブレットにも対応しているのでいつでもねんきんネットをチェックできます。

ねんきんネット

ねんきん定期便は50歳以下と以上で記載内容が変わります。50歳以上は現在の状況が60歳まで続いた際の年金の見込み額が記載されます。

65歳以降に年金を受給する

▼繰り下げ支給で支給額がアップが…

老齢厚生年金・基礎年金は基本的に65歳から受給できますが、65歳以降も働くのであれば、繰り下げ受給して支給額をアップされることが可能です。たとえば、受給開始時期を１カ月遅らせると０・７％、１年遅らせると８・４％年金の受給額がアップします。75歳まで繰り下げ受給できるので、その場合は84％も受給額が増額することができます。体が健康でこれまで通り働けるのであれば繰り下げ受給を検討しましょう。

▼条件によっては繰り下げできない

75歳まで繰り下げると最大で84％も受給額が増額できる繰り下げ受給ですが、66歳到達日以前に遺族基礎年金や厚生年金保険、共済組合など被用者年金各法による年金受給の権利者は法令により繰り下げ受給はできません。実際には受け取っていなくても、遺族年金の受給権がある場合等は該当するので注意が必要です。該当しない者は無条件で繰り下げ受給ができるので、繰り下げ受給するかどうか個々で判断しましょう。

繰り下げ受給の一例

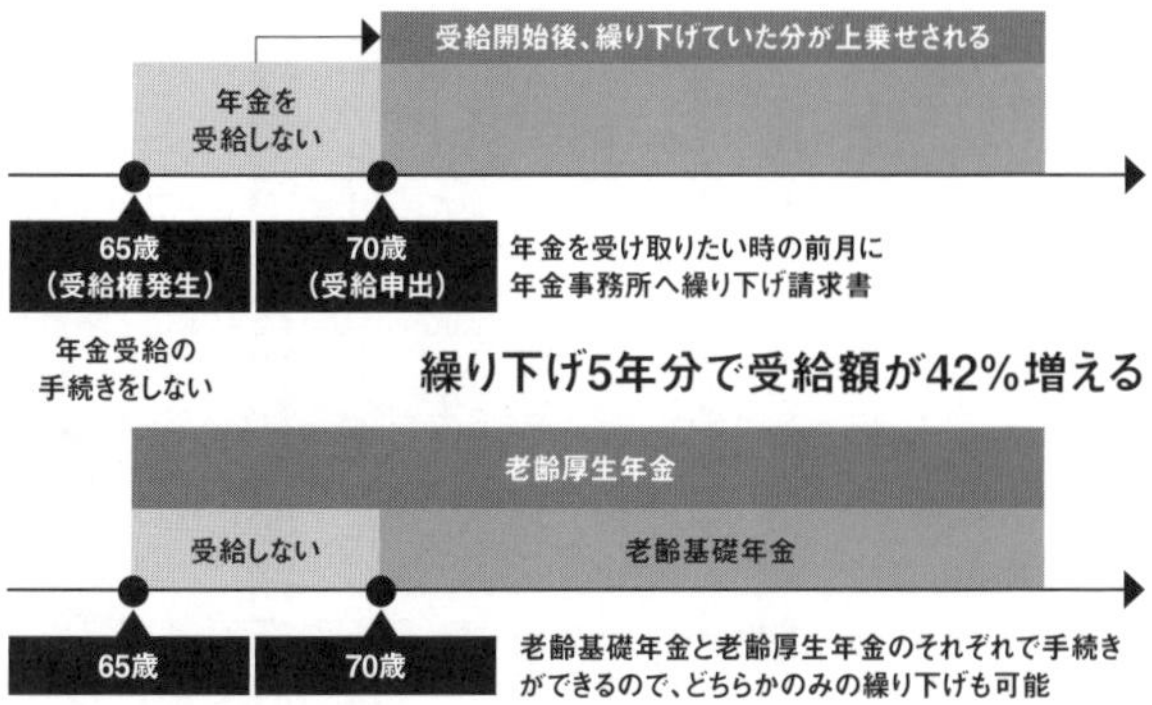
受給開始後、繰り下げていた分が上乗せされる
年金を
受給しない
65歳
（受給権発生）
70歳
（受給申出）
年金を受け取りたい時の前月に
年金事務所へ繰り下げ請求書
年金受給の
手続きをしない
繰り下げ5年分で受給額が42%増える
老齢厚生年金
受給しない
老齢基礎年金
65歳
70歳
老齢基礎年金と老齢厚生年金のそれぞれで手続きができるので、どちらかのみの繰り下げも可能

年金の受給開始年齢と増額率

受け取る年齢（繰り下げ月数）	増額率	受給額/月※
65歳（0ヵ月）	0%	6万6250円
66歳（12ヵ月）	8.4%	7万815円
67歳（24ヵ月）	16.8%	7万7380円
68歳（36ヵ月）	25.2%	8万2945円
69歳（48ヵ月）	33.6%	8万8510円
70歳（60ヵ月）	42%	9万4075円

※毎月の定額保険料（令和5年の場合は1万6520円）を40年納めた場合

71歳（72ヵ月）	50.4%
72歳（84ヵ月）	58.8%
73歳（96ヵ月）	67.2%
74歳（108ヵ月）	75.6%
75歳（120ヵ月）	84.0%

2022年4月からは75歳まで繰り下げができるようになっています

65歳前でも繰り上げ受給できる

▼繰り上げ受給は支給額が減額される

前項では65歳以降に年金を受給する繰り下げ受給について解説しましたが、逆に65歳を迎える前に年金を受給することもできます。これを繰り上げ受給といいます。繰り下げ受給すると受給額が増額されて支給しましたが、繰り上げ受給は支給額が減額されて受給します。一度繰り上げ受給してしまうと変更や取り消しができないので、繰り上げ受給する場合は慎重に検討を重ねてから行うのがいいでしょう。

▼繰り上げ受給の減額幅

繰り上げ受給を申請すると支給額が減額されますが、その減額幅は繰り上げた月数×1ヵ月あたり0・4％になり（ただし、昭和37年4月1日以前の生まれの人は0・5％）、その減額率は一生続きます。仮に60歳から受給開始した場合、毎年60万4200円の受給額で、65歳から受給開始した場合の79万5000円と比べて19万8000円の差額が出ますので、慎重に検討した方がいいでしょう。

繰り上げ受給の仕組み

POINT❶

繰り上げ受給は年金事務所で手続きを行う

どこで　年金事務所、年金相談センターで繰り上げの説明・意思確認の上で手続き

いつまでに　60歳を過ぎたらいつでも手続き可能（1ヵ月単位）

65歳を待たずに年金を受給できる

POINT❷

繰り上げた場合に受給できる金額（1962年4月2日以降生まれ）

60歳で繰り上げ受給した場合

繰り上げ請求をした月数に応じて受給額が減額
（1ヵ月あたり0.4%減）

年金額 60万4200円
（月5万350円）

65歳から受給した場合

保険料の未納がなければ満額を受け取れる

年金額 79万5000円
（月6万6250円）

▼

年間の老齢基礎年金の額に19万円800円も差が出る

年金の受給開始年齢と減額率

	減額率		受給額/月	
受け取る年齢（繰り上げ月数）	1962年4月1日以前生まれ	1962年4月2日以降生まれ	1962年4月1日以前生まれ	1962年4月2日以降生まれ
60歳（60ヵ月）	30%	24%	4万6375円	5万350円
61歳（48ヵ月）	24%	19.2%	5万350円	5万3530円
62歳（36ヵ月）	18%	14.4%	5万4325円	5万6710円
63歳（24ヵ月）	12%	9.6%	5万8300円	6万0701円
64歳（12ヵ月）	6%	4.8%	6万2275円	6万3070円
65歳（0ヵ月）	0%		6万6250円	

一括受給で増額5年分の年金を受給

▼5年前みなし繰下げ制度

繰下げ受給を選択した場合でも不測の事態が起きて、お金が必要になることもあります。そんなときは過去5年間で受け取れた年金額を一括で受給できる5年前みなし繰り下げ制度を活用しましょう。この制度は２０２３年4月より施行された新制度で、２０２２年4月から老齢年金の繰下げ受給の上限年齢が70歳から75歳に引き上げられたことを踏まえて、70歳以降も繰下げ待機を選択できるようになりました。

▼みなし繰下げ制度は奥の手

5年前に繰り下げ受給を申請して以後の年金は5年前の繰り下げ受給の増額率で受給することとなります。この制度は不測の事態に備えるために覚えておいた方がいい制度ですが、通常の繰り下げ受給のほうが増加率は大きいので、病気や事故などによる入院など、あくまで不測の事態に陥ったときに活用するのがいいでしょう。なお、5年分の年金収入で所得が一時的に上がり税金や健康保険料等への影響もあります。

5年前みなし繰下げ制度

病気や介護、旅行でまとまったお金が必要になった ▶ 年金の一括受給を検討する

年金の一括受給とは

過去5年間に受け取れた年金額を一括で受給すること

どこで 年金事務所または街角の年金相談センターで手続きを行う

5年前みなし繰下げ制度とは

一括請求をしても、5年前に繰下げ制度受給の申し出があったとみなし、年金額を増額する
それ以降も5年前の繰下げ受給の増額率で受給可能

だれが 70歳以降の人

5年前みなし繰り下げ制度適用後の一括受給の例

- 本来の年金額が年間100万円
- 元々繰り下げ受給を予定していたが、73歳で一括受給を申請することにした

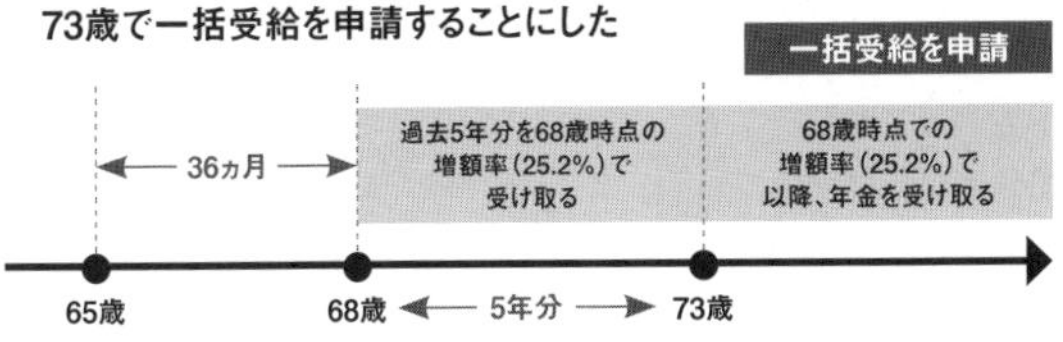

過去5年分を68歳時点の増額率(25.2%)で受け取る
68歳時点での増額率(25.2%)で以降、年金を受け取る

受給額計算

①73歳の5年前、68歳に繰り下げ請求をしていたとみなされる
②増額率:36ヵ月(65歳～38歳の3年)×0.7%=25.2%
　繰り下げ分は1ヵ月あたり0.7%の増額
③一括受給額:125万2000円×5年分=626万円

本来の年金より126万円増額して一括で受給できる

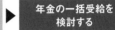

プラスでもらえる加給年金

配偶者や扶養家族がいるなら申請

会社員や公務員が加入している厚生年金保険には受給開始時点での配偶者や扶養家族がいる場合、加給年金を年金にプラスして受給することができます。配偶者がいる場合は配偶者と１～２人目の子どもについては各22万８７００円が年金にプラスされます。ただし、加給年金を受ける場合は厚生年金加入20年以上など、一定条件を満たしている必要があります。支給停止条件もあるので事前に調べておきましょう。

加給年金の仕組み

いつまでに	年金受給前	どこで	年金事務所

加給年金の受給条件

- 厚生年金の加入期間が20年以上
- 配偶者が65歳未満、または子が18歳到達年度の3月31日までであること

こんな場合は加給年金が支給停止に

- 配偶者の厚生年金の加入期間が20年以上あり、老齢（退職）年金の受給権利がある（支給の有無を問わない）

加給年金とは、厚生年金の家族手当のようなもので、65歳到達時点でその方に生計を維持されている上記の配偶者または子がいるときに加算されます。

障害基礎年金を申請する

▼繰り上げ受給よりお得の場合も

障害基礎年金は障害特級（1級）は年間99万3750円、同2級だと年間79万500円が支給されます。もし、健康不安で60歳以降で働くことが困難な場合は繰り上げ受給より障害基礎年金を受けた方がいい場合もあります。障害年金は国民年金に加入していた場合は「障害基礎年金」、厚生年金に加入していた場合は「障害厚生年金」が請求できます。

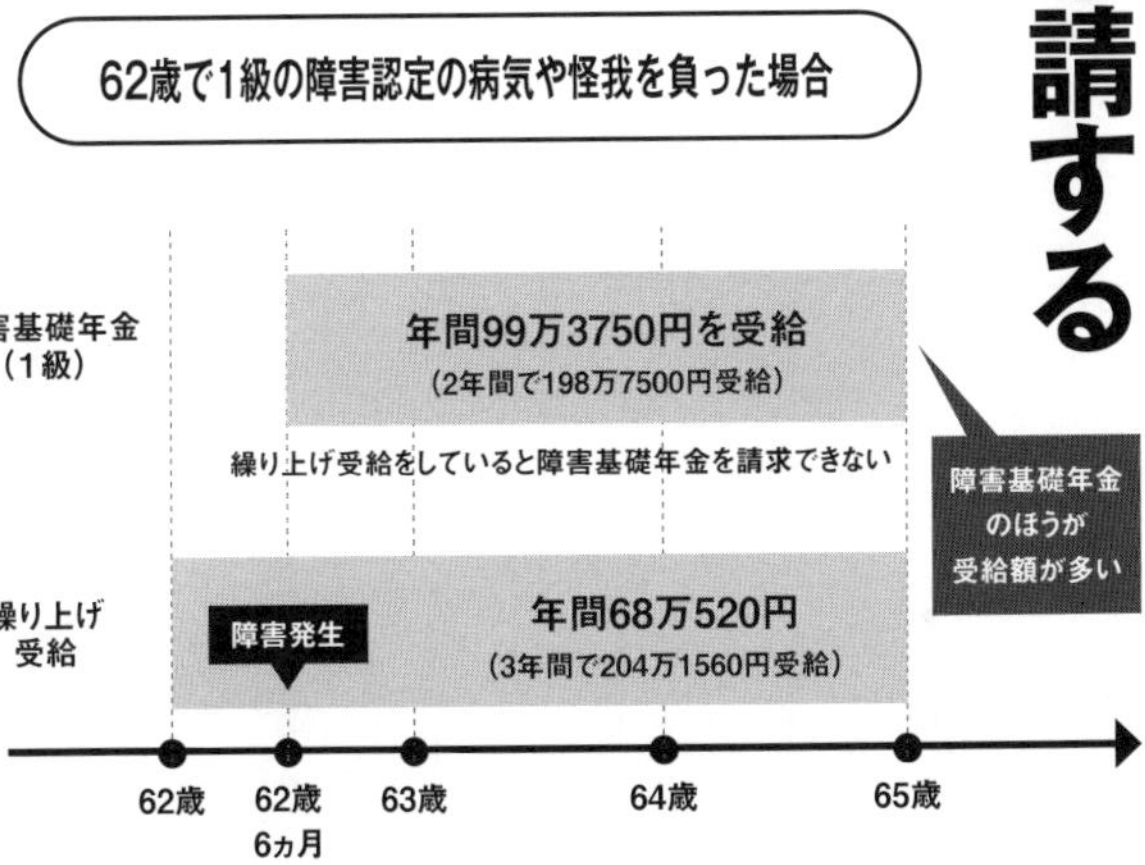

障害基礎年金は後遺障害をサポートするものですが、それ以外にもペースメーカーや人工透析、在宅酸素、ガン、精神疾患など病気に起因する障害を負った場合も対象となる可能性があります。

付加年金で年金額をアップさせる

月額４００円を保険料に上乗せする

付加年金とは、国民年金に任意で上乗せする制度です。納付できるのは第1号被保険者と65歳以上を除く任意加入保険者で、主に自営業者が対象となります。月額４００円の付加保険料を上乗せするだけで将来受給する年金額を増額することができます。付加年金額は「４００円×付加保険料納付月数」で、たとえば、40年間にわたって付加保険料を納めた場合、毎月８０００円が上乗せされて受給することができます。

2年で上乗せ分の元が取れる

付加年金は掛け金に対するリターンが大きい制度です。「４００円×付加保険料納付月数」で算出した40年間に対しての支払い額は19万２０００円なので、わずか2年で上乗せ分の元が取れます。さらに亡くなるまで支給されるので、対象者であればぜひ加入しておきたいところです。付加年金の申請は役所や年金事務所の保険年金課で行います。申請すると申出月より開始され、納付金は翌月末日までに納付します。

付加年金の申請方法と算出方法

付加年金とは

保険料を月400円上乗せすることで年金受給額を増額できる制度

加入条件

- 第1号被保険者→自営業、学生など
- 65歳未満の任意加入者

※会社員や公務員、扶養に入っている人は加入できない

どこで

役所や年金事務所の担保年金課で手続きを行う

いつまでに

申出月から開始、翌月末日までに納付

付加保険料を40年間納めた場合（令和5年度の金額）

納付する額

月400円を40年間支払うと

400円×480ヶ月
＝合計納付額19万2000円

支給される額

納付額の半分の9万6000円が毎年上乗せされる ▶ 2年以上受け取れば付加分の元が取れる

1年目	老齢基礎年金 79万5000円（※） ＋付加年金9万6000円
2年目	老齢基礎年金 79万5000円 ＋付加年金9万6000円
3年目	老齢基礎年金 79万5000円 ＋付加年金9万6000円

2年目の時点で上乗せ額の合計は**19万2000円**

亡くなるまで毎年同じ額が上乗せされるので、長く受け取るほどお得！

※毎月の定額保険料（令和5年の場合は1万6520円）を40年間納めた場合

未納期間分を追納して満額支給

▼未納期間分は追納できる

厚生年金に未加入の人は20歳～60歳まで国民年金の保険料を納付する義務がありますが、この間に未納期間がある場合は、年金支給時に受け取る金額が少なくなります。未納の保険料は未納期間より2年以内であれば後から納めることもできます。また、保険料の免除や納付猶予などを受けた場合は未納から10年以内であれば追納可能です。未納期間分は追納すると満額支給されるので、ねんきんネットなどで確認しましょう。

▼60歳以降に任意加入する

追納期限が過ぎても60歳以降に国民保険へ任意加入は可能です。保険料の免除や未納があって満額支給されない人は60～65歳まで、年金の受給資格期限を満たしていない場合は60～70歳まで任意加入できます。保険料の未納分があるかどうかはねんきんネットなどで確認できます。未納があった場合は最寄りの年金事務所もしくは区役所や役場で追納しましょう。追納することで満額支給されます。

国民年金の追納制度

POINT❶ 未納があると年金額が少なくなってしまう

25歳　27歳　60歳

未納

2年

2年間の未納で老後の年金額は
年約4万円減になる

一般的な追納期間は2年以内

2023　2033

未納

未納分は2025年までなら追納可能

「免除」や「納付猶予」を受けた場合は10年以内

2023　2033

未納

未納分は2033年までなら追納可能

POINT❷ 60歳以降の任意加入で追納し年金を満額に

追納とは

保険料の未納があった場合に、
後から納めることができる制度

対象

・満額の年金がもらえない人→60～65歳まで
・年金の受給資格期間（10年）を満たしていない人
→60歳～70歳

どこで

最寄りの年金事務所、市区役所、町村役場

▶ **追納することで満額の年金が受け取れる**

POINT❸ 追納が必要か確認する

- 学生の時に「学生納付特例制度」を利用後、納付していない
- 経済的に厳しく、保険料未納や免除されていた期間がある
- 転職または失業で無職の期間があり、その間保険料を納付していない
- 第3号被保険者で、配偶者（第2被保険者）が
  退職・死亡、または離婚で第3号被保険者の資格を喪失したが、
  第1号被保険者の手続きをしていない

厚生年金は追納できませんが、学生時代に未納がある場合、
経過的加算で60歳以降も積み増せる

再就職後でも年金を全額もらう

働きすぎは年金額カットの要因に

定年退職後にリタイアせずに再就職活動を経て再雇用や再就職する人も少なくないと思います。年金受給実施後60歳以降に社会保険（厚生年金と健康保険）に加入すると支給される年金額の一部がカットされる可能性があるので注意が必要です。年金をカットされないためには社会保険の加入対象にならないように働き方を考える必要があります。つまり、働きすぎると年金額カットの要因になるということです。

週20時間未満の労働に抑える

再就職後に無計画で働いてしまうと年金額カットの要因になります。そのため、社会保険の加入対象にならない働き方をしなければなりません。労働時間が週20時間未満であれば社会保険の加入対象にならないので、労働時間を週20時間未満に調整しながら働くなどしましょう。ただし、加入要件の改正によって社会保険への加入が必須となる可能性もあるので、自身の労働環境と照らし合わせて調整しましょう。

労働時間を週20時間未満に調整する

週20時間以上の労働をした場合

社会保険への加入が必要になる → **年金の一部が支給停止**

ただし、年金月額と賃金の合計額が48万円以下の場合は支給停止なし

働きながら年金を受給!

週20時間未満の労働をした場合

社会保険への加入は不要 → **年金を全額支給**

働きながら年金を受給!

週の労働時間を20時間未満※にすることで、年金の受給額減額を防ぎ、マイペースな働き方も再現できる

※会社の規模によっては週30時間の場合もある

社会保険加入条件

対象	要件	2022年10月〜（現行）	2024年10月〜（改正）
事務所	厚生年金の被保険者数	常時100人超	常時50人超
短時間労働者	労働時間	週の所定労働時間が20時間以上	変更なし
	賃金	月額8万8000円以上	変更なし
	勤務期間	継続して2ヵ月を超えて使用される見込み	変更なし
	適用除外	学生でないこと	変更なし

働きながら年金を増やす

▼毎月総額48万円を超えると減額

老齢基礎年金と老齢厚生年金の受給開始後に60歳以降も社会保険に加入して働く場合、給与と年金の総額が毎月48万円を超えてしまうと年金が減額されてしまいます。これを在職老齢年金といいます。在職老齢年金は給与＋賞与の1／12の総額と老齢厚生年金の月額の合計が48万円を超えると減額されるというもので、（毎月の給与＋年金月額―48万円）×1／2で支給停止額が算出されます。

▼48万円以下に抑えると全額支給

再就職後の収入（給与と年金）の総額が毎月48万円を超えてしまうと年金が減額されてしまう在職老齢年金制度ですが、逆にいうと、再就職後の給与と年金の総額を48万円以下に抑えてしまえば年金の全額支給が可能となります。年金が全額支給されるようにするためには再就職後の給与を調整しましょう。ただし、これは社会保険に加入している場合です。社会保険未加入の場合は48万円以下に抑える必要はありません。

給与額を調整して年金を全額もらう

月収 ＋ 年金月額 ＝ 48万円以下 → 年金は減額されない

月収 ＋ 年金月額 ＝ 48万円超過 → 年金が減額される

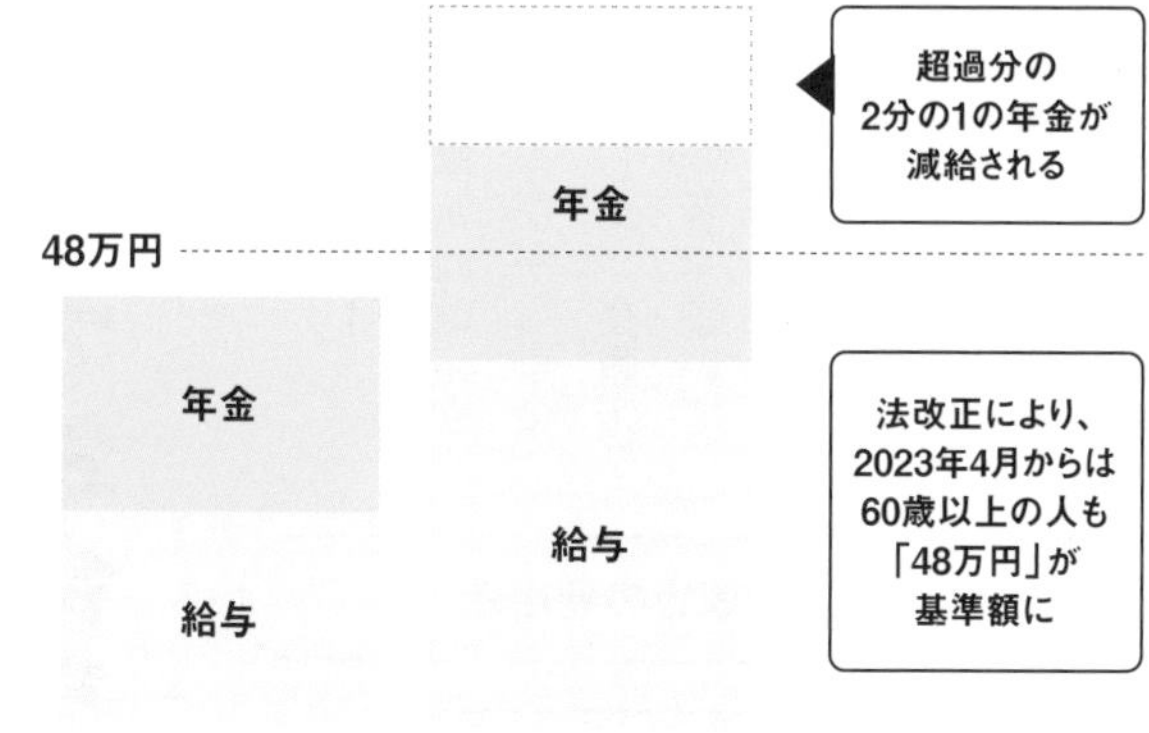

2分の1の年金が
減給される

法改正により、
2023年4月からは
60歳以上の人も
「48万円」が
基準額に

在職老齢年金制度とは

給与＋賞与の12分の1の総額と老齢厚生年金の月額の合計が48万円を超えると、超過分の半分の年金が減額されるしくみ

月収30万円 ＋ 年金月額20万円 ＝ 50万円

再就職後の月の受給総額が48万円を超えているため、減額の対象に

▼

年金支給額が調整され、超過分の半分にあたる
月額1万円が減額される

※2023年は法定通りの48万円ですが、名目賃金変動率に応じた変更が1万円単位であるため、21、22年度は47万円でした

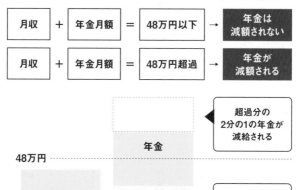

在職定時改定で年金を増やす

▼65歳からでも年金を増やせる

通常は65歳より老齢厚生年金を受給できます。２０２２年４月より在職定時改定が新設されて65歳以上の人は働きながら年金を増やすことが可能になりました。在職定時改定とは、老齢厚生年金受給者で働いている人の年金額を毎年10月に改定して、これまでに納めた保険料を年金額に反映する制度です。たとえば、下図のように、標準月額20万円で１年間就労した場合、年間で年金額１万３０００円程度増額されます。

在職定時改定の利用例

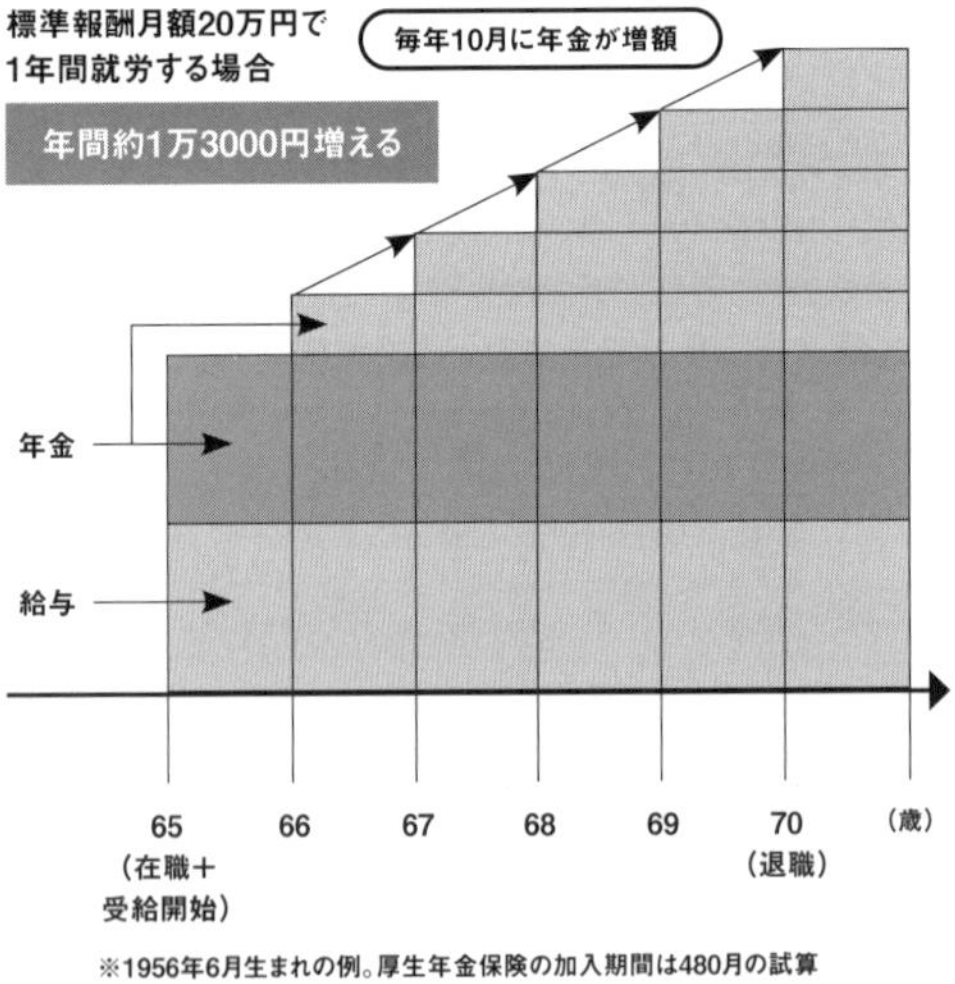

※1956年6月生まれの例。厚生年金保険の加入期間は480月の試算

在職定時改定の仕組み

改正前

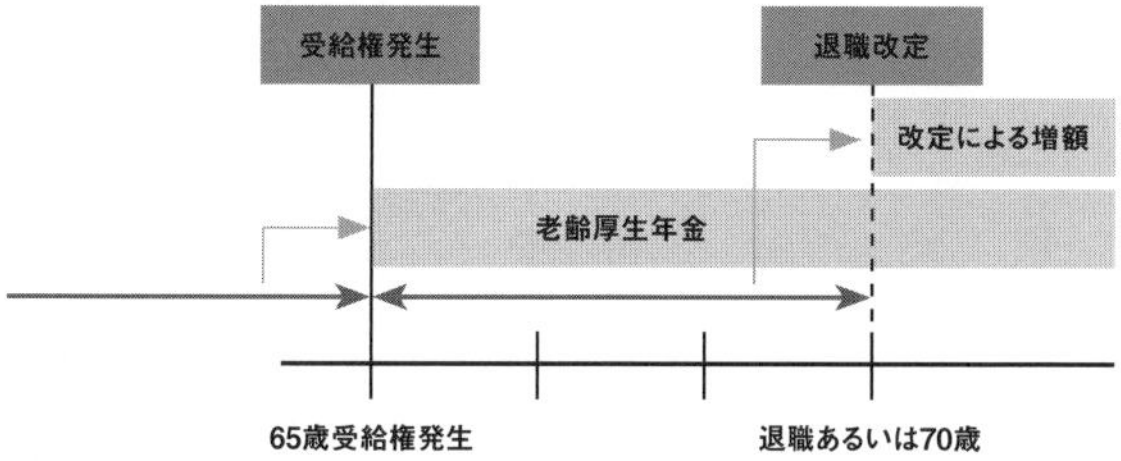

在職定時改定前では、上図のように退職または満70歳になった際、厚生年金被保険者資格を喪失したときに「老齢厚生年金」の年金額が改定されていました。

改定後

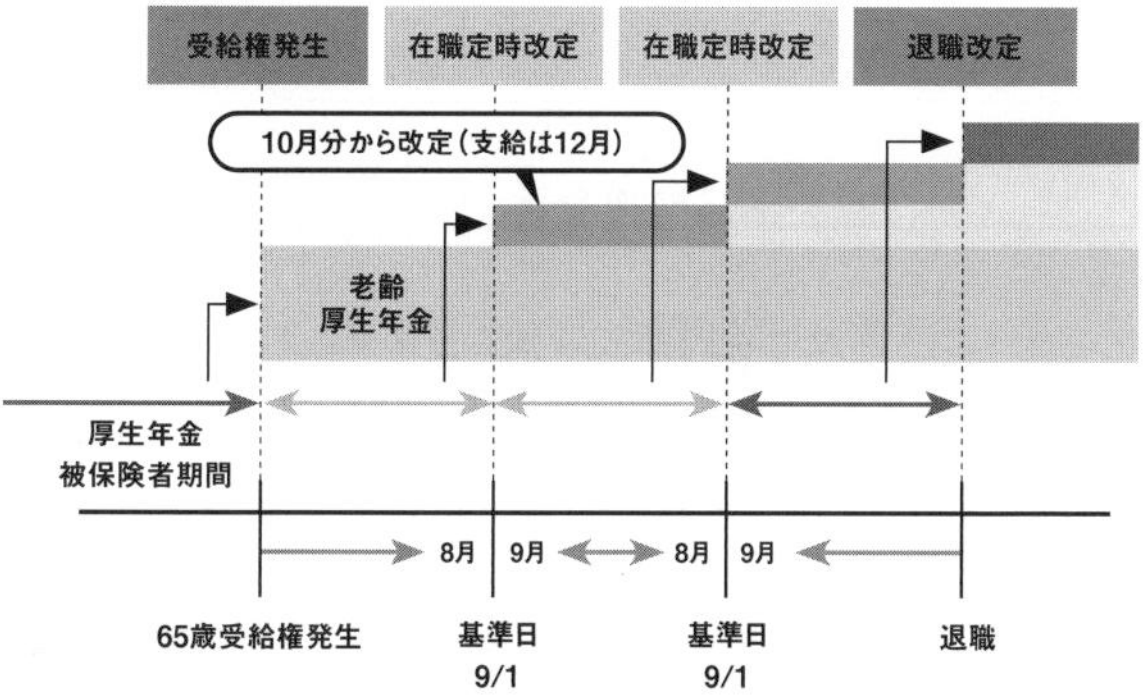

※日本年金機構「令和4年施行年金制度改正資料」から抜粋

在職定時改定後は、65歳以上で働きながら厚生年金に加入している方には、毎年決まった時期に「老齢厚生年金」の年金額が改定（増額）されることになります。

短期労働で社会保険に加入できる

▼拡大された社会保険の適用

65歳以降も継続して働く場合、勤務延長制度を利用してこれまで働いていた職場で引き続き正社員として働くことができるほか、新たにパート・アルバイト契約を結ぶこともできます。2022年10月に社会保険の適用が拡大されたので、パート・アルバイト契約であっても社会保険に加入しやすくなりました。社会保険に加入することで前項で解説した在職定時改定の対象となるため年金を増やすことができます。

社会保険の適用が拡大される

社会保険適用条件

①1週間の所定労働時間が20時間以上であること
②2ヶ月以上の雇用見込みがあること

↓

65歳以上の人は社会保険に加入して在職定時改定の対象になる

↓

年金の受給額を増加させることができる

勤務延長制度の仕組み

再雇用制度

定年の年齢で一度退職をしたあと、退職前とは異なる雇用形態で再雇用する仕組みのこと。定年まで正規雇用されていた人を契約社員、嘱託社員、パートタイマー、アルバイトといった雇用形態で再雇用するなどが一般的。

勤務延長制度

定年退職年齢以降も退職させることなく、これまでと同じ雇用形態で働き続けられる仕組みのこと。雇用形態、役職、賃金、仕事内容なども大きく変わることなく、勤務期間だけ延長されるのが一般的。

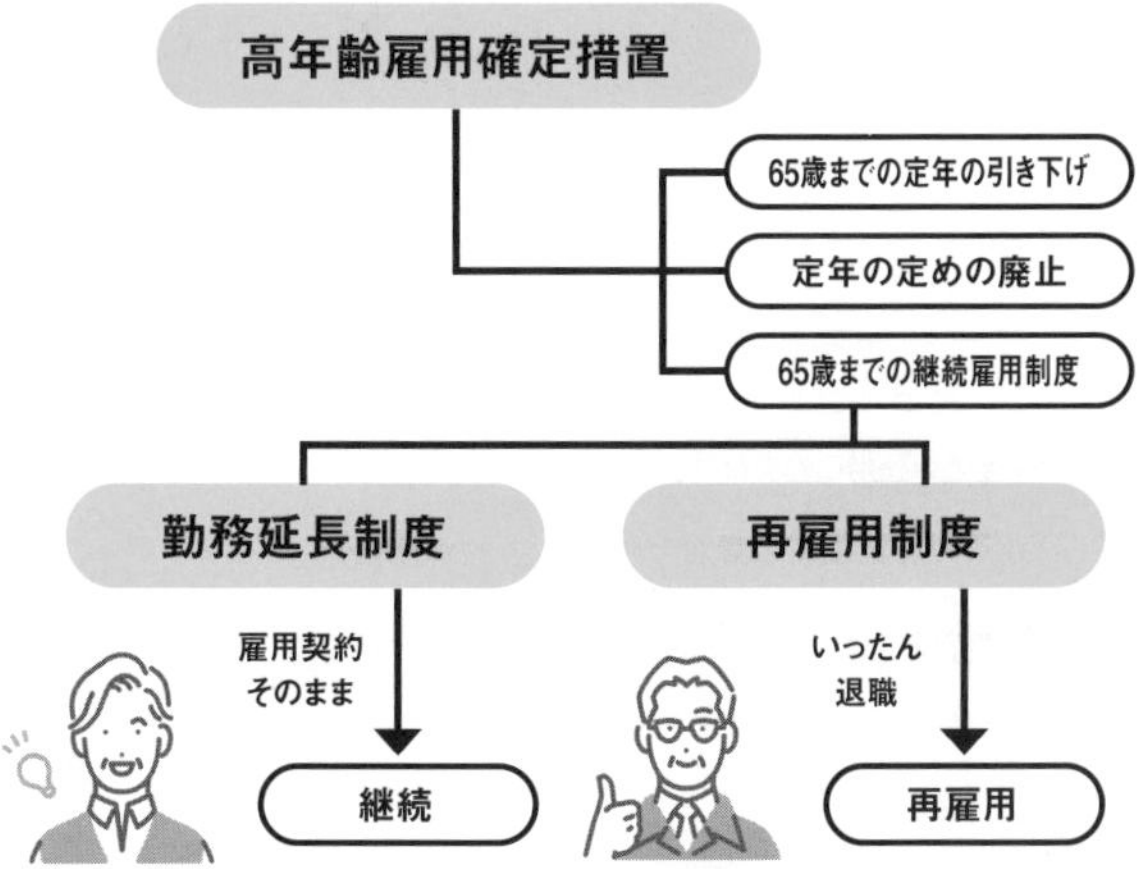

勤務延長制度のメリット

定年退職日を過ぎても仕事内容や役職が変わらないため、新しく不慣れな役割を与えられるよりもモチベーション維持もしやすい

勤務延長制度のデメリット

体力の低下などが生じた場合、勤務延長を終了し、再雇用制度に切り替える必要が生じる場合もある

転職したら種別変更手続きをする

▼手続きしないと減額される

転職などで本人や配偶者の被保険者種別が変更になる場合があります。会社員だった夫が退職後に自営業となったときには配偶者も第1号被保険者へ変更になります。この場合、第1号被保険者への種別変更手続きを自ら行わなければなりません。手続き期間中に手続きを怠り2年経ってしまうと、保険料の納付を受け付けてもらえず、未納期間が生じてしまい、結果的に年金が減額されての受給となってしまいます。

国民年金の種別変更

被保険者の種別が変更になる例

夫が会社員の専業主婦の場合（現在は3号被保険者）

夫が自営業へ転職	▶	第1号被保険者に変更手続きを行う（自分で手続き）
専業主婦から社員へ	▶	第2号被保険者に変更（会社が代行）
専業主婦から短時間パートへ	▶	第3号被保険者のままなので変更なし（手続き不要）

第1号被保険者への種別変更の届出

どこで	居住地の市役所、または年金事務所
いつまでに	退職日の翌日から14日以内
必要書類	年金手帳もしくは基礎年金番号通知書

※電子申請もできますので、日本年金機構のHPをご参照ください。

過去職の会社から年金をもらう

▼企業年金受給の可能性を探る

第2号被保険者は公的年金に上乗せして企業年金を受け取れる可能性もあります。受給条件は各会社によって異なりますが、たとえば、過去1カ月以上の在籍で企業年金を受給できますが、企業年金受給で国民年金が調整される可能性も出てきます。もし企業年金受給の可能性がある場合は年金事務所に問い合わせした方がいいでしょう。また企業年金はねんきん定期便には記載されないので注意が必要です。

企業年金の受給方法

いつまでに	60歳以上の定年退職者
どこで	企業年金連合会・勤務していた会社の企業年金基金など

↓

過去に1ヵ月のみ在籍した場合でも、企業年金を受け取れる可能性がある

企業年金の注意点

①受給要件は会社ごとに違う
②企業年金を受給した場合、
　国民年金額が調整される可能性がある
③ねんきん定期便には記載されない
④年金支給開始前にご案内が届くケースと
　裁定請求書の提出が必要となるケースがある。

離婚後に年金を受け取る

▼離婚時に年金を分割する

２００７年に離婚時に配偶者の年金を分割できるようになりました。分割の対象となるのは婚姻期間中に納税した分となります。たとえば、２０００年に結婚して２０２３年に離婚した夫婦の場合、最大23年間分の夫の厚生年金額の約半分を妻が受給できます。ただし、年金の分割には3号分割制度と合意分割制度があり、それぞれ用件や仕組みなどが異なるので、詳細は年金事務所などに問い合わせをしましょう。

離婚した配偶者の年金を分割

3号分割制度

平成20（2008）年4月1日以後の婚姻期間中、被保険者の国民年金の種別が第3号被保険者の期間がある場合に適用可能。受け取る側1人で手続きできる。分割請求の期限は2年以内です。

合意分割制度

当事者の合意もしくは裁判手続きにより割合を定めた場合に適用可能。夫婦そろって手続きに行くか、受け取る側が離婚公正証書を作成する必要がある。分割請求の期限は2年以内です。

年金と生活保護を同時期受給

▼最低生活費を下回れば可能

年金を受給していても受給している年金額が厚生労働省の定める最低生活費を下回っている場合はその差額分の生活保護を受けることができます。最低生活費は居住地域や世帯人数、家族年齢に応じて決められます。たとえば、仮に最低生活費15万円と設定された場合、年金収入が5万円だと生活保護費として10万円支給されます。ただし、生活保護を受けるには収支報告を行う義務が生じるので注意が必要です。

年金と生活保護の同時期受給例

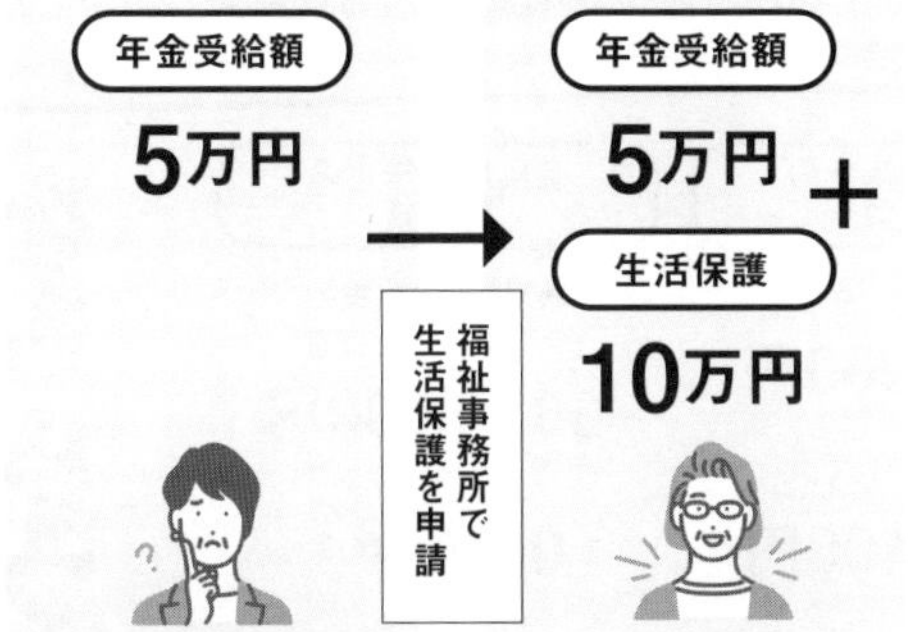

厚生労働省が定める最低生活費（15万円）を下回っていて、生活が苦しいです

生活保護を受けることによって、足りない生活費をカバーすることができます。

配偶者の死後に遺族年金をもらう

▼配偶者の死後は遺族年金を確認

国民年金の加入者が死亡した場合、死亡した加入者によって生計を維持されていた子どもを持つ配偶者とその子どもに支給される年金が遺族基礎年金です。遺族基礎年金は79万５０００円に加えて子どもの人数によって変わります。厚生年金に加入していた場合は遺族厚生年金も受給できます。遺族厚生年金は将来もらえる年金額の約3／4程度で、それまで支払ってきた年金額や期間、家族構成によって変わります。

遺族年金の受給例

妻（35）、息子（10）、娘（8）を持つ受給資格期間25年以上の夫が死亡した場合

遺族基礎年金の受給額

妻の基本額
79万5000円
＋
子の加算額（2人分）
45万7400円
↓
125万2400円
ひと月10万4366円受給可能

遺族厚生年金の受給額

将来的な受給額を66万6000円と仮定
66万6000円
×
0.75（4分の3）
↓
49万9500円
ひと月4万1625円受給可能

遺族年金の種類

亡くなった人	給付される遺族年金	給付額
第1号被保険者	寡婦年金 ※妻が60〜64歳の間、受け取れる	夫の老齢基礎年金×3/4
第1号被保険者	死亡一時金	保険料を納めた月数に応じて12万円〜32万円 ※付加年金に36ヶ月以上加入している場合は8500円加算
第1号被保険者・第2号被保険者	遺族基礎年金 ※子ども（18歳年度末までの子）がいる場合のみ	79万5000円＋子の加算 ※子の加算…第1子・第2子は各22万8700円 第3子以降は各7万6200円
第2号被保険者	遺族厚生年金	配偶者の老齢厚生年金（報酬比例部分）×3/4 年金受給前

遺族厚生年金が受けられる遺族

妻

子

18歳に達した年度末までか、または20歳未満で障害等級1級または2級の障害状態の人で、かつ現在婚姻していない人。

夫・父母・祖父

死亡当時55歳以上であること（支給は60歳から）

寡婦年金を受給する

▼寡婦年金の受給額が多い可能性も

国民年金の第1号被保険者として保険料を10年以上納めた人が死亡した場合、配偶者が60～65歳であれば死亡一時金か寡婦年金を受給できます。被保険者が第1号被保険者で遺族に子どもがいない場合は遺族年金適用外になるため、重要になります。寡婦年金は夫が受け取るはずだった基礎年金のうち3／4をその妻が60歳から65歳までの5年間受け取れる。年金額次第では死亡一時金より多くもらえる可能性があります。

寡婦年金は受給額が多い

寡婦年金

第1号被保険者として10年以上納めた人が老齢年金を受け取らずに無くなった場合、その夫と10年以上継続して婚姻関係にあること（事実婚含む）

もらえる金額を比較する

寡婦年金の要件を満たしていれば寡婦年金の方が受給額が多い

保険加入期間※	死亡一時金	寡婦年金
10年	12万円	14万9063円
15年	14万5000円	22万3594円
20年	17万円	29万8125円
30年	27万円	44万7186円

※未納・免除期間などは含まない
出所:大田区HP、日本年金機構HPより作成

知ってる人だけ得する

第4章

定年前後の健康保険・介護保険

年金新世代の新常識

退職後の健康保険4つの方法

▼それぞれの制度を理解する

定年退職後の再就職先で健康保険に加入できる人以外は4つの健康保険の加入方法があります。1つ目は健康保険の任意継続被保険者。退職前に加入していた健康保険に継続して加入する方法です。退職前と同じ給付が受けられますが、保険料が2倍かかるデメリットもあります。2つ目は国民健康保険。市区町村や国保組合が運営する健康保険に加入する方法です。前年の所得を基準に保険料が決定するため、1年目は保険料が高くなる傾向にありますが、2年目からは安くなることがほとんどです。3つ目は特定保険組合の特例退職被保険者。退職時に特定保険組合の被保険者だった場合に選べる健康保険です。近年は組合自体が減少傾向にあるのと加入条件も厳しいため、利用する人は限定的といえます。最後に家族が属する健康保険の被扶養者。配偶者や子どもなど、家族が属している健康保険に被扶養者として加入する方法です。唯一保険料が発生しない方法になります。

退職後の医療保険制度

特定健康保険組合の特例退職被保険者

厚生労働省で認可された特定健康保険組合が、市区町村に代わって、退職者医療を独自に行うシステム。

健康保険の任意継続被保険者

退職前の健康保険にそのまま継続して加入できる制度。退職までの被保険者期間が2ヶ月以上あればOK。

家族の被扶養者になる

配偶者や子どもの健康保険の扶養になる。保険料が一切かからないのがメリット。年収など制限あり。

国民健康保険

市区町村や国保組合が運営する制度。保険料は前年の世帯収入、世帯の人数などによって決まる。

任意継続被保険者のポイント

社保に加入しないパートタイマーになる人や、完全にリタイヤする人、再就職先の健康保険に加入しない人は任意継続被保険者を検討しよう。ここで、制度のポイントを押さえておこう。

任意継続被保険者の資格期間は2年間ある

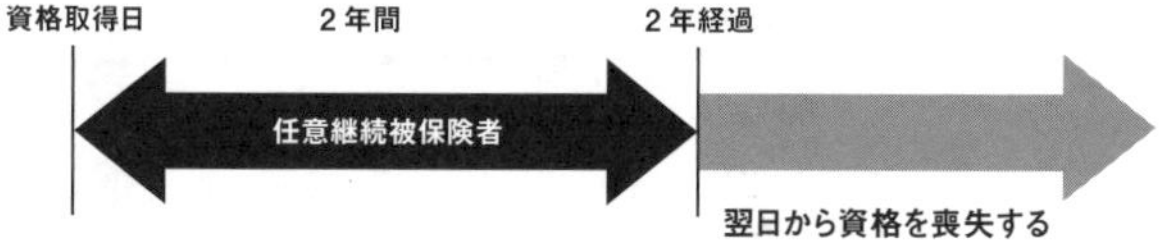

・本人申出により脱退することが可能（2022年1月より）
・在職中は会社が半分負担していた保険料が全額自己負担となる
・2年経つと別の医療保険に加入する

手続きは退職日の翌日から20日以内に行うこと

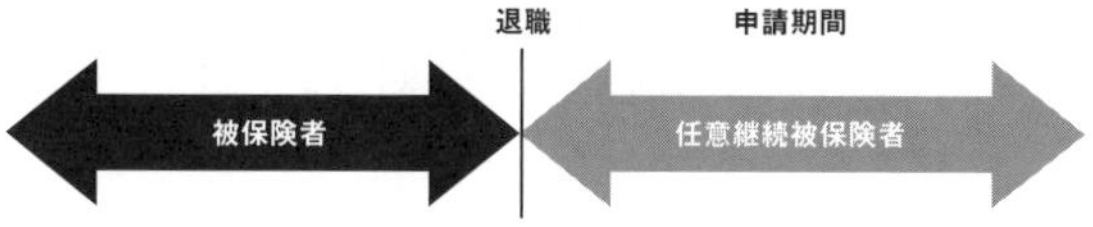

継続して2ヶ月以上の被保険者期間があることが条件

退職日の翌日から20日以内に申請する必要がある

短期雇用でも入れる可能性がある

▼健康保険・厚生年金保険の加入条件

２０２１年10月に社会保険の適用範囲が広がり、次項の図にある通り、一定条件に該当する場合は社会保険の加入対象となりました。これにより、雇用期間2カ月以内の労働者でも健康保険や厚生年金保険に加入できるようになりました。また、パート・アルバイトの短時間労働者の勤務期間要件についても、2カ月を超える雇用が見込める場合は社会保険の加入対象となっています。

▼申請すれば年金も受給可能になる

通常であれば、老齢厚生年金を受給している65歳未満のうち、障害者や長期加入者など特例対象者は厚生年金の被保険者となると、年金の定額部分が全額支給停止となりますが、２０２２年9月30日以前より障害者・長期加入者特例の老齢厚生年金を受給しているなど、一定条件を満たしている場合は「障害者・長期加入者特例に係る老齢厚生年金在職支給停止一部解除届」を提出することで受給できるようになります。

社会保険の加入条件

雇用期間2ヵ月以内でも社会保険に加入できる条件

❶就業規則や雇用契約書において、その契約内容が「更新される旨」または「更新される場合がある旨」が明記されている
❷同一事務所において、同様の雇用契約を結んでいる労働者が、更新などにより当初の雇用期間を超えて雇用された実績がある

特例対象者が厚生年金保険の被保険者になった場合

本改正により、厚生年金を受給している65 歳未満のうち、障害者※1 または長期加入者※2 が厚生年金保険の被保険者になると、年金の定額部分※3 が全額支給停止となる

※1 障害厚生年金の1級から3級に該当する障害のある人
※2 厚生年金保険の被保険者期間が44年以上（共済組合等の機関は含まない）
※3 加給年金額が加算されている場合、加給年金額も含む

↓

次の条件をいずれも満たす場合は、「障害者・長期加入者特例に係る老齢厚生年金在職支給停止一部解除届」を提出することで、年金の定額部分を受給できるようになる。

❶2022 年9 月30 日以前から障害者・長期加入者の特例に該当する老齢厚生年金を受給している
❷2022 年9 月30 日以前から同一事務所に使用されており、次のいずれかの理由（改正）により、厚生年金保険に加入した

- 常時5 人以上の従業員を雇用している士業の個人事務所への勤務
- 従業員のうち被保険者が常時101 人以上の事務所
- 雇用期間2 ヵ月を超える見込みがある

任意継続被保険者制度を利用する

▼継続するしないを決められる

任意継続被保険者になると退職後でも在職中に加入していた健康保険と同じ給付内容（※）を受けることができます。在職中と同じ保養施設を利用したり、人間ドックを受けたりできます。扶養している家族がいる場合、1人分の保険料で済みますが、保険料はすべて自己負担となります。申請方法は退職日の翌日から20日以内に加入先の健康保険組合へ「健康保険任意継続被保険者資格取得申出書」を提出します。

※ただし、傷病手当金および出産手当金を除く

在職中の健康保険の継続条件

任意継続被保険者の要件	●資格喪失日の前日までに継続して2ヶ月以上の被保険者期間がある ●資格喪失日から20日以内に申請
必要書類	●健康保険任意継続被保険者資格取得申出書 ●被扶養者がいる場合は、被扶養者に関する添付書類
被保険者期間	任意継続被保険者となった日から2年間
保険給付について	任意継続被保険者は、原則、在職中の被保険者が受けられる保険給付と同様の給付を受けられるが、傷病手当金や出産手当金は支給されない
支払いについて	●保険料の納付は毎月1日～10日まで（保険料が割引になる前納制度あり） ●一度でも支払いが滞ってしまうと翌日には継続の資格を喪失する

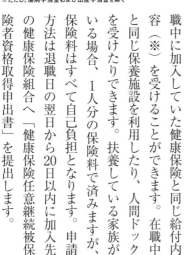

任意継続被保険者の手続き方法

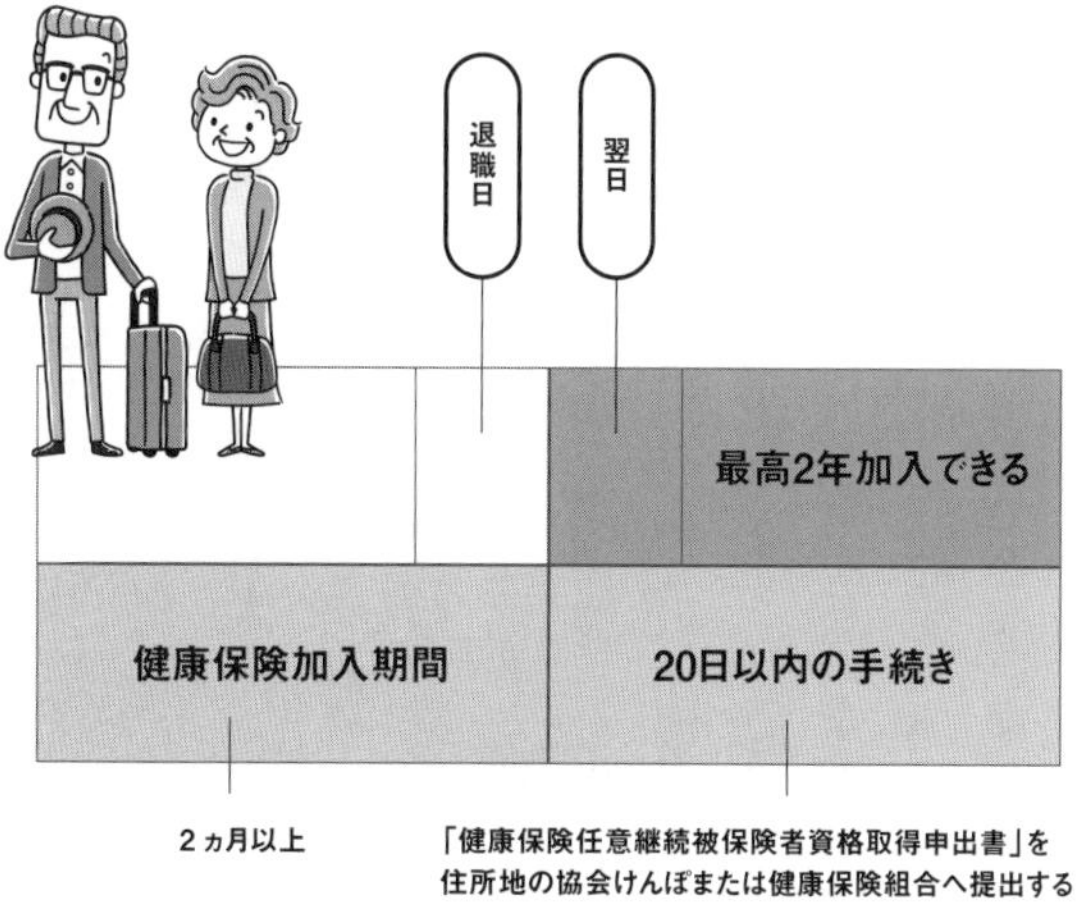

任意継続被保険者の申請書

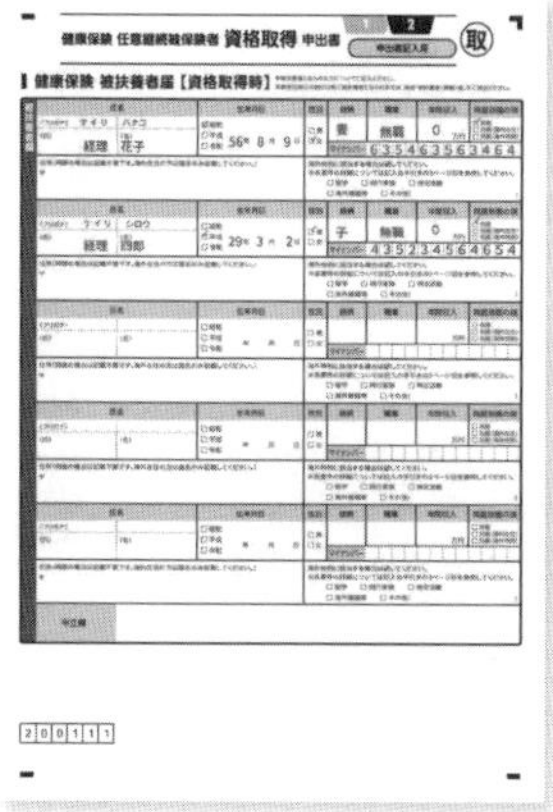
健康保険 任意継続被保険者 資格取得 申出書
取
健康保険 被扶養者届【資格取得時】
ケイリ ハナコ
経理 花子
56年 8月 9日
妻
無職
0
6354635634 64
ケイリ シロウ
経理 四郎
29年 3月 2日
子
無職
0
4352345646 54
200111

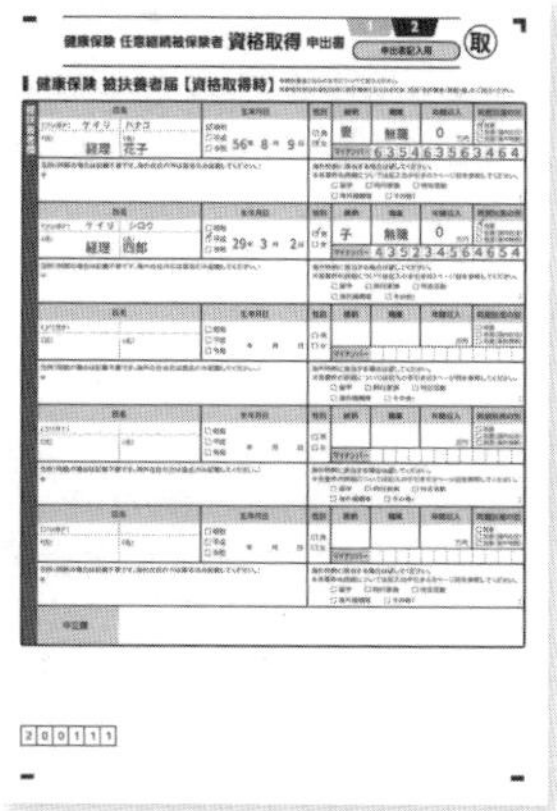
健康保険 任意継続被保険者 資格取得 申出書
取
健康保険 被扶養者届【資格取得時】
ケイリ ハナコ
経理 花子
56年 8月 9日
妻
無職
0
6354635634 64
ケイリ シロウ
経理 四郎
29年 3月 2日
子
無職
0
4352345646 54
200111

特例退職被保険者制度を利用する

加入条件が厳しいがメリット大

特例退職被保険者制度とは、定年退職した厚生年金受給者が後期高齢者医療制度に加入するまでの間、在職時の被保険者と同じ給付内容（ただし、傷病手当金および出産手当金を除く）と健康調査などの保険事業を受けることができる制度です。任意継続被保険者制度よりも利用年数が長いなどメリットが大きい制度ですが、特定健康保険組合への加入団体しか利用できないなど間口の狭さがデメリットでもあります。

パナソニックの保険制度

特例退職被保険者の加入条件

- パナソニック健保・パナソニック関係会社連合健保の強制加入期間が通算20年（40歳以降10年）以上の人
- 老齢厚生年金の受給権のある人（報酬比例部分のみの受給での可）
- 日本国内に住民登録している人

↓ 加入条件を満たしてから3ヵ月以内に申し出

退職後も、在職中の被保険者（パナソニック健保・パナソニック関係会社連合けんぽ）と同程度の保険給付、検診などの保険事業を受けられる

退職から3ヵ月以降は加入のチャンスがなくなる
（参照）パナソニック健康保険組合HP

特例退職被保険者制度

特例退職被保険者制度のメリット・デメリット

1. 保険料は任意継続被保険に比べると割安になるが、年々高くなるので、国民健康保険の保険料との比較については一概に言えない。
2. 健康保険組合の保養施設が利用できる。
3. 医療機関に支払う自己負担額が一定額を超えると、後で戻ってくる一部負担還元金などの付加給付がある。
4. 医療費の自己負担率は3割で、任意継続被保険者と国民健康保険の退職被保険者とは同じ。傷病手当金の制度はない。
5. 途中で脱退することは原則としてできない。未納で脱退した人は再加入できない。

特定退職被保険者になれるのは特定健康保険組合の被保険者だけ

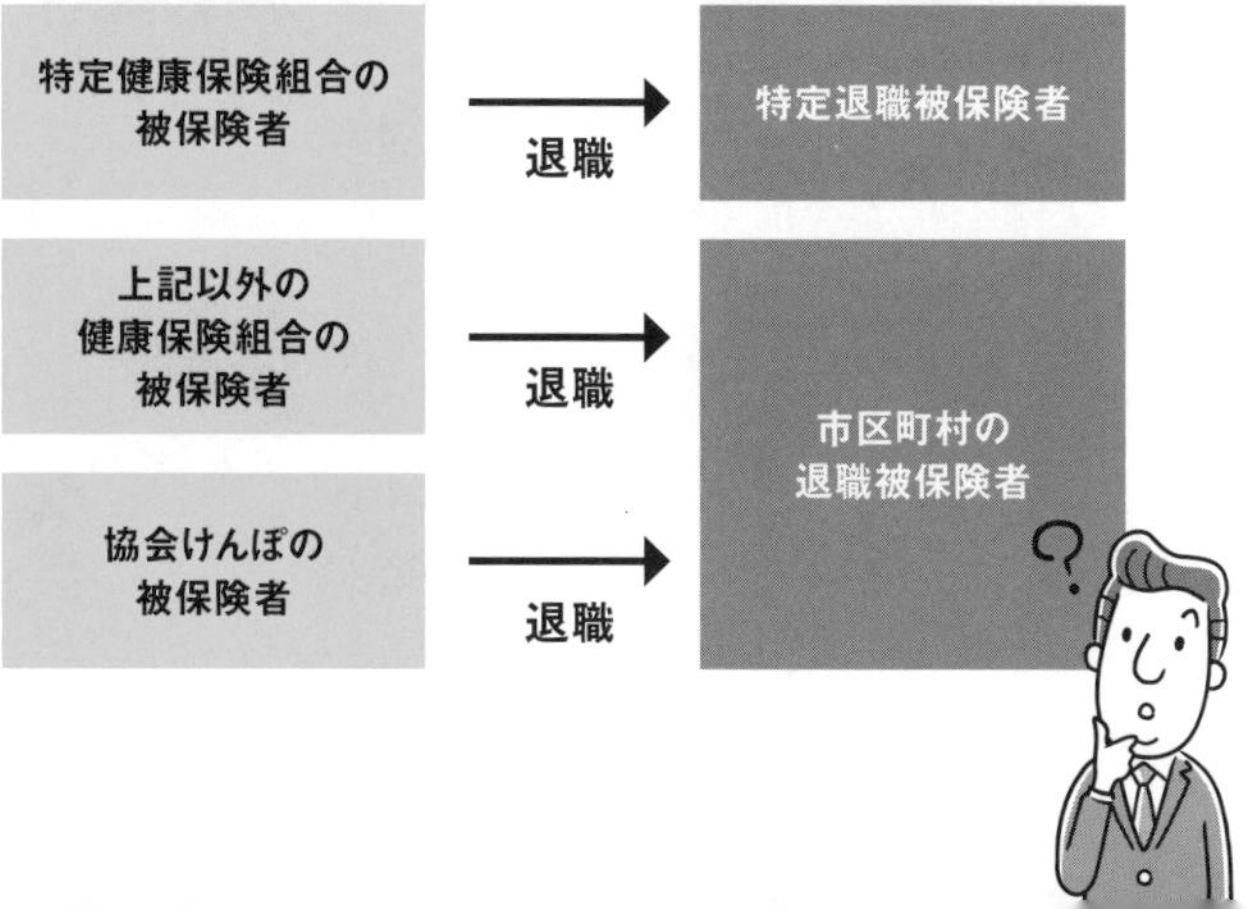

国民健康保険に加入する

▼市町村ごとの違いに注意

定年退職後に再就職しない場合や任意継続被保険者にならない場合は基本的に国民健康保険に加入することになります。日本ではすべての国民がいずれかの公的医療保険制度に加入することになっているため、定年退職した際には本人をはじめ、その扶養者である家族も国民健康保険に加入します。国民健康保険の保険料は前年の所得を基準に決定するため、加入1年目の保険料が高くなる傾向にありますが、2年目以降安くなることがほとんどです。ただし、国民健康保険は各市区町村が財政状況に合わせて運営しているため、加入希望者が同じ収入であっても居住している各市区町村によって保険料が異なります。また、徴収方法も国民健康保険法に基づく保険料方式と地方税法に基づく保険税方式の2種類あり、各市区町村によって異なるので注意が必要です。加入方法は退職日の翌日から14日以内に居住地の市区町村役場へ「国民健康保険資格取得届」などを提出します。

国民健康保険の仕組み

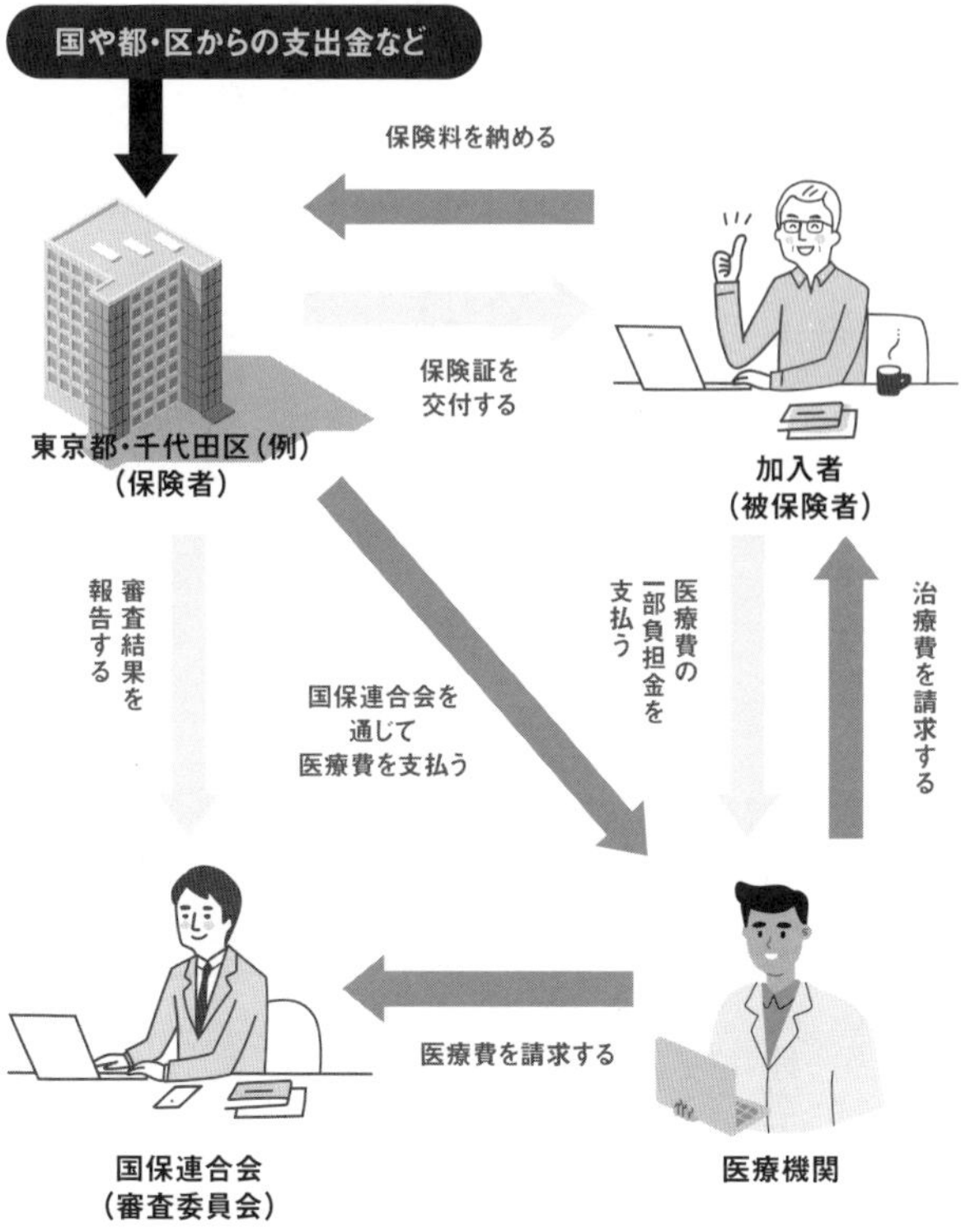

市区町村ごとの国民健康保険の違い

国民健康保険は各市区町村によって運営されているため、収入が同じ場合でもその保険料は異なる。保険料の賦課方式は「所得割」「資産割」「被保険者均等割」「世帯別平等割」という4つの方式で行っている所が多いが、都市部などでは資産割を課していない場合も存在する。また徴収方式に関しても、国民健康保険法に基づく「保険料方式」と地方税法に基づく「保険税方式」の2種類が存在する。

家族の被扶養者として保険に加入

▼家族の扶養に入って保険料ゼロ

定年退職後の健康保険の入り方の方法として、すでに社会保険に加入している家族（配偶者や子ども）の被扶養者になるという方法もあります。社会保険の保険料は被保険者に対してのみ課せられるので、扶養家族が何人増えても保険料が増額されることはありません。つまり、事実上、保険料ゼロで健康保険に加入できることになります。配偶者には事実婚や内縁関係も含まれるほか、その配偶者の父母や子どもも対象となります。また、別居していても配偶者、子供や孫、父母、兄弟姉妹、祖父母なども被保険者になれます。社会保険に加入している家族の被扶養者になるには、75歳未満の３親等以内の親族であること、被扶養者になる者の年収が１３０万円未満（ただし、60歳以上もしくは障害厚生年金や障害基礎年金受給者は１８０万円未満）であることなど、一定条件があります。定年退職後に再就職しない場合や年金収入が少ない場合などは検討してみましょう。

扶養に入る手続き

いつまでに　事実発生から5日以内（退職日から）

どこで　家族が勤めている会社に「被扶養者届」を提出

受給資格
・年収が130万円（もしくは180万円）未満である
・同居している3親等以内の親族である

子どもの被扶養者になれば健康保険料がかからない

3親等の親族には配偶者の父母および子も含まれ、配偶者には事実婚や内縁関係も含まれる

扶養者異動届

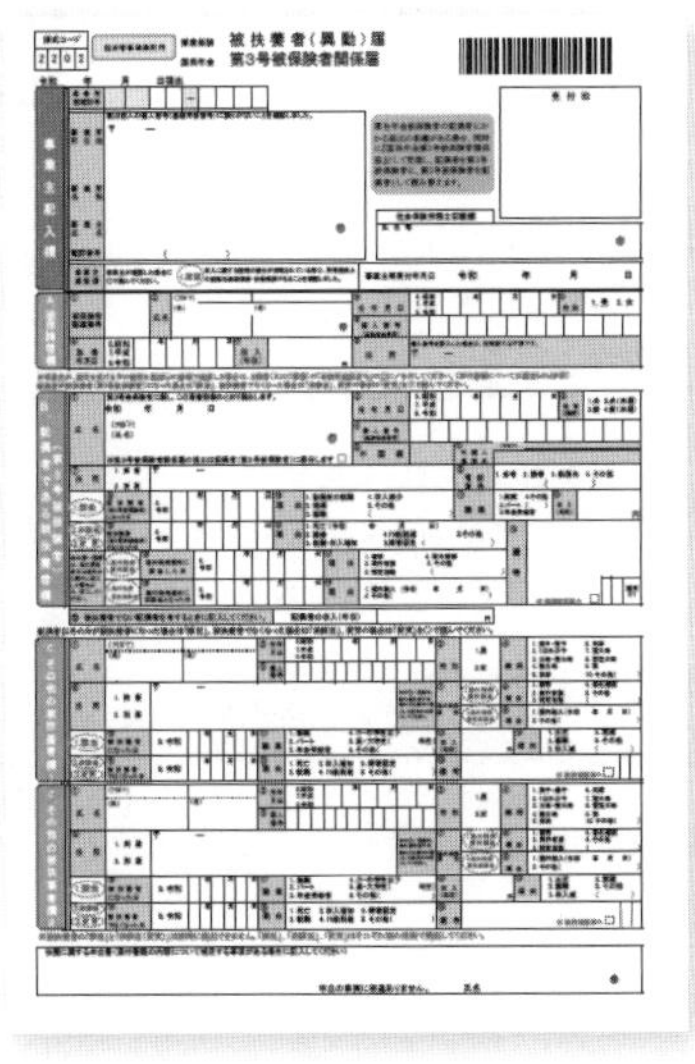

2202
被扶養者（異動）届
第3号被保険者関係届

世帯分離して保険料を減額する

▼場所を変えずに新しく世帯を持つ

65歳以上の人の介護保険料は世帯の所得で決定します。介護のため親子が同居している状態で介護保険を利用している場合、親子の収入の合算額が世帯収入となり、その金額に応じて介護保険の負担上限額が決定します。そのため、同一世帯に高収入の者がいると負担上限額も増額になります。世帯分離することで後期高齢者医療保険料、介護保険料、高額医療費、高額介護サービス費などを減額することができます。

※65歳以上の介護保険料は世帯の所得で決定します。

世帯分離の仕組みとメリット

同世帯のほうがよい場合

同世帯だと高額介護サービス費などが合算できる

同世帯だと高額介護サービス費などが合算できる

世帯分離をするほうがよい場合

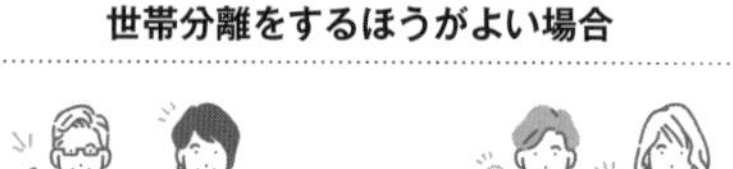

被介護者が1 人で同世帯に収入が高い者がいる

世帯を分けると、保険料や医療費の負担が減る

※1号被保険者（65歳以上）と2号被保険者（40～65歳未満）で保険料が違う点に注意

自治体の助成で予防接種を受ける

自治体に助成の有無を確認する

各自治体では感染症発生と蔓延防止のため、ワクチン接種で防止できる疾患に対して接種費用の一部を助成しています。定期接種はほぼ全自治体で全額公費負担という調査結果が出ていますが、人間ドックは基本的に全額自己負担となるところ、国民健康保険の加入者かつ保険料の滞納がない家庭は一部または全部の費用助成を市町村の役場に申請可能です。助成は各自治体によって異なるので問い合わせてみましょう。

東京都千代田区の助成

高齢者インフルエンザ予防接種の流れ

❶自治体から予診票が送られてくる
❷指定医療機関に予約する
❸予診票を持って、自治体の指定する病院に行く
❹予防接種を受ける

人間ドックの助成

対象年齢 40歳から74歳まで	助成額 2万円年度内に1回
指定医療機関 あり	事前申請 必要

傷病手当は通算化で受給できる

復職中は支給期間に含まれない

病気や怪我で休職するとき、会社から十分な手当が支給されない場合は一定条件を満たせば健康保険から傷病手当が支給されます。２０２２年より同一の怪我や病気に対する傷病手当の支給期間が通算化されて通算1年6ヵ月の支給期間になりました。病気で半年間休職したのち復職して1年後に再度休職した場合は残りの1年の傷病手当金を受け取ることができます。もし休職する際は傷病手当を確認してみましょう。

傷病手当金の支給期間

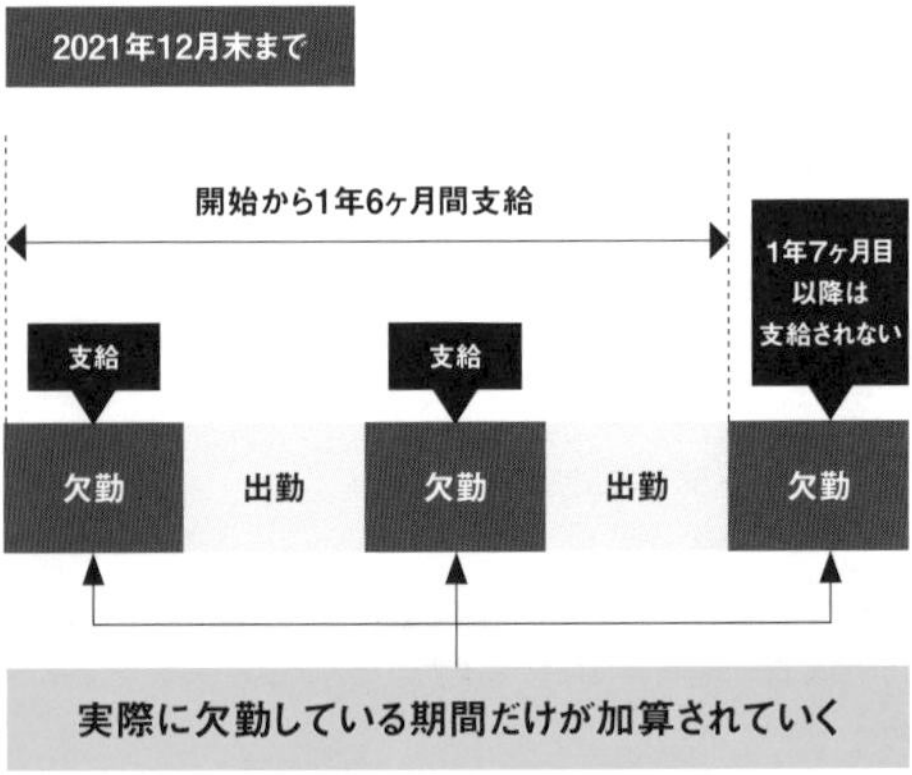

2022年1月1日から

復帰中を支給期間に含まない分、通算1 年6ヵ月の休職中に十分な保障を受けられます

高額になった医療費を払い戻し

▼上限額を超えると払い戻しできる

高額療養費制度を利用すると、医療機関や薬局窓口で支払う医療費が１カ月で上限額を超えた場合に超過分を払い戻しできます。上限額は年齢や所得に応じて定められ、いくつかの条件を満たすことでさらに医療費の負担を減らすこともできます。たとえば、条件次第で１００万円の医療費の自己負担額を約９万円に軽減することもできます。

高額療養費制度

限度額 所得や世帯年収に応じて認められている

↓ 70歳未満と70歳以上75歳未満と2つの制度がある

医療機関を受診する際、窓口で限度額適用認定証を提示

1ヵ月の上限額以上の支払いが不要になる

※協会けんぽなどへの申請が必要

高額介護サービス費を払い戻し

▼超過分を払い戻しできる

1カ月に支払った利用者負担の合計が負担限度額を超えたときは超過分が払い戻される制度。介護サービスの利用者で一定要件を満たした場合、約3カ月後に通知と申請書が届くので、これらを市町村役場に提出すると超過分が払い戻しされます。対象はデイサービス、ショートステイ利用などです。老人ホームの費用や生活費、自宅介護における自宅改修費や福祉用具の購入費などは制度の対象外なので注意が必要です。

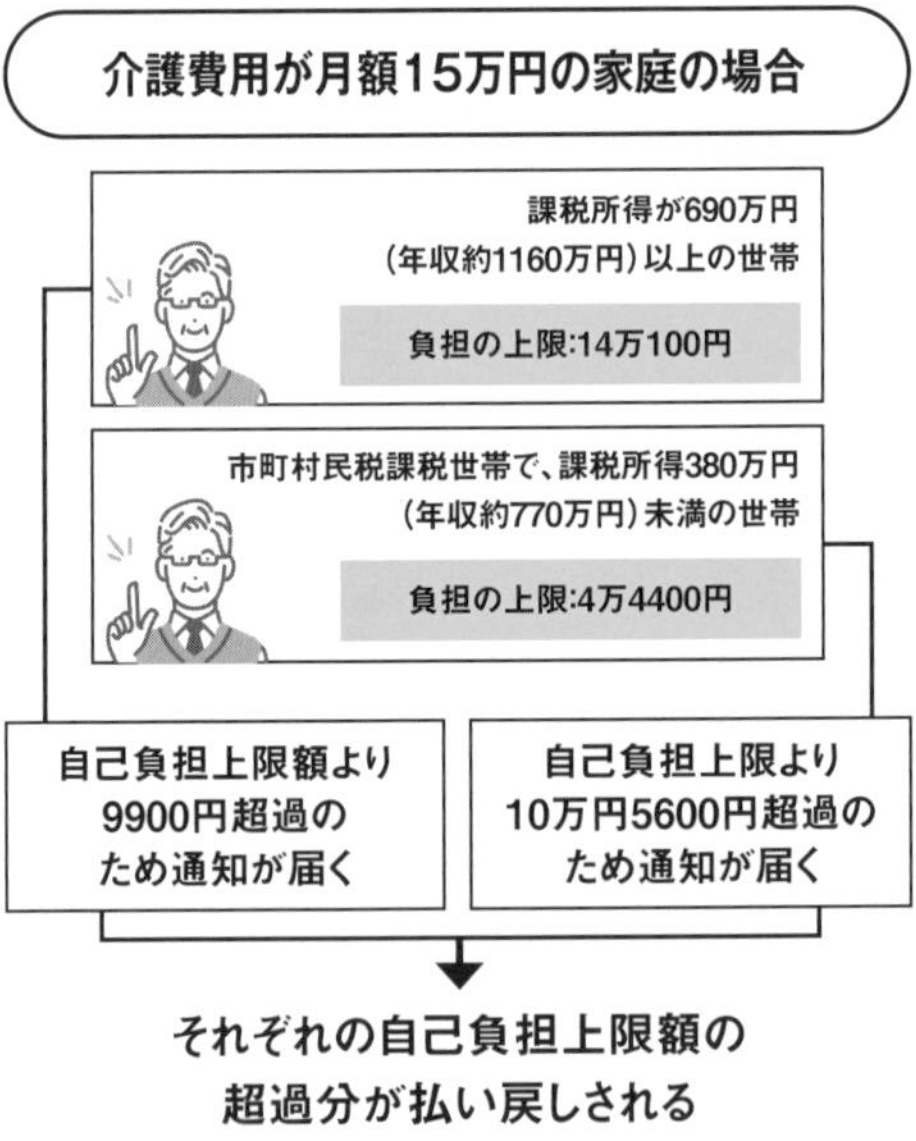
介護費用が月額15万円の家庭の場合
課税所得が690万円
(年収約1160万円)以上の世帯
負担の上限:14万100円
市町村民税課税世帯で、課税所得380万円
(年収約770万円)未満の世帯
負担の上限:4万4400円
自己負担上限額より
9900円超過の
ため通知が届く
自己負担上限より
10万円5600円超過の
ため通知が届く
それぞれの自己負担上限額の
超過分が払い戻しされる

介護費と医療費の負担を軽減する

▼介護・医療費の合計が高額の場合

医療保険と介護保険における1年間（毎年8月1日から始まり翌年7月31日まで）の医療保険と介護保険の自己負担の合算額が高額だった場合は高額介護合算療養費制度を利用することで自己負担額を軽減することができます。市区町村に高額介護合算療養費支給申請書を提出すると、介護自己負担額証明書が送られてくるため、これを添えて医療保険者に申請書を提出して申請します。

高額介護合算療養費制度

どこで　市区町村に支給申請書兼自己負担額証明書交付申請書を提出して自己負担額証明書の交付を受ける

どこに　介護保険の自己負担額証明書の書類を添付して健康保険組合などに支給申請書を提出する

区分（年収）	70歳以上のみ	70歳未満を含む
約770～1160万円	141万円	141万円
約370～770万円	67万円	67万円
約156～370万円	56万円	60万円
市区町村民税非課税Ⅱ	31万円	34万円
市区町村民税非課税Ⅰ	19万円	

年単位で超過分が残った場合支給される

確定申告で医療費控除を受ける

▼医療費控除は所得控除の一種

自己または自己と生計を一にする配偶者やその他親族のために支払った医療費は一定額を超えると確定申告することで医療費控除を受けることができます。医療費控除は所得控除の一種で、控除の対象となるのは、実際に支払った医療費の合計額―保険金などで補填される金額―（10万円または総所得額の5％）です。ただし、美容整形や予防接種、健康食品などの購入費は医療費控除の対象外となるので注意が必要です。

医療費控除の金額と対象

総所得金額200万円以上の場合

「実際に支払った医療費」―「保険金などで補填される金額」―10万円

総所得金額200万円未満の場合

「実際に支払った医療費」―「保険金などで補填される金額」―総所得金額の5%

限度額＝200万円

所得控除を受けることができる

対象となる医療費の例

- 医師や歯科医師による診察、治療
- 治療または療養に必要な医薬品の購入
- 治療のためのはり、きゅう、マッサージなどの施術費

対象外となる医療費の例

- 美容整形
- 予防接種
- 健康食品
- 人間ドック

特定の医療品購入額を控除する

▼1万2000円以上だと控除対象に

医療費控除にはセルフメディケーション制度という特例があります。これは日頃から健康管理に取り組んでいる者(※)および生計を一にする親族が特定の市販薬を購入した際、その購入費が１万２０００円を超えた時は超過分が控除対象となります。ただし、セルフメディケーション制度は従来の医療費控除との選択制となるため、どちらかしか適用することができないので注意が必要です。

セルフメディケーション制度

セルフメディケーション
税 控除対象

このマークのついた医薬品を購入

年間で1万2000円を超えて購入した場合は所得控除の対象となる（上限8万8000円）

- ・アレグラFX（サノフィ株式会社）
- ・イブA錠（エスエス製薬株式会社）
- ・ウナコーワエースG（興和株式会社）
- ・エアーサロンパスDX（久光製薬株式会社）
- ・液体ムヒアルファEX（株式会社池田模範堂）
- ・エスタックイブ（エスエス製薬株式会社）
- ・ガスター10（第一三共ヘルスケア株式会社）
- ・キューピーコーワiプラス（興和株式会社）など

（※）特定健康診療・予防接種・定期健康診断・健康診断・がん検診の受給者

月またぎせずに入院して払い戻し

▼入院期間を事前確認して調整する

高額療養費制度は、月初から月末までの医療費が高額になった場合に一定の自己負担額の超過分が払い戻しされるという制度です。注意したいのが入院期間です。たとえば、入院期間が月またぎになってしまうと、入院日～月末、翌月1日～退院日とそれぞれの期間で制度適用の有無が判断され、入院日数が同じでも自己負担額に差が生じてしまう可能性があります。入院期間はなるべく月またぎをせずに調整しましょう。

高額療養費制度と入院日程

月をまたいで入院する場合

それぞれの月で適用が判断される

↓

自己負担額が多くなる

月をまたがずに入院する場合

医療費が同じでも、その月に使う額が
多いと判断される

↓

自己負担額が少なくなる

知っておきたい高齢者医療制度

▼75歳から変化する制度の仕組み

75歳以上となると現在加入している健康保険から脱退し、全員が後期高齢者医療制度に加入します。そのため、保険料の支払い義務があったり、これまでとは異なる形で徴収されたりします。その一方で、低所得の場合は保険料の均等割額の2～9割、所得割額の5割が軽減されるほか、入院や外来の支払い限度額の超過分に関しては払い戻しができるようになっています。

▼70歳以上で医療費を1割負担にする

70歳以上の現役並み所得者の医療費の自己負担割合は原則3割負担となっていますが、収入条件次第では自己負担割合を1割にすることも可能です。75歳以上で現役並み所得がない者でも課税所得が28万円以上の場合は自己負担割合が2割になる可能性があります。健康保険から後期高齢者医療制度への切り替え時期に申請窓口である市役所や町村役場の後期高齢者医療制度担当窓口で問い合わせて確認しましょう。

70歳以上74歳までの高齢者の窓口負担

<table>
<tr><th>区分</th><th>自己負担割合</th></tr>
<tr><td>現役並の所得者
（標準報酬月額28万円以上）</td><td>3割</td></tr>
<tr><td>一般</td><td rowspan="3">2割</td></tr>
<tr><td>低所得者Ⅱ</td></tr>
<tr><td>低所得者Ⅰ</td></tr>
</table>

低所得者Ⅱ＝低所得者Ⅰ以外の住民税非課税世帯。
低所得者Ⅰ＝世帯全員が住民税非課税であって収入が一定基準以下の人。
※所得区分の詳細については、各保険者（協会けんぽ、健保組合、市区町村）に確認する。現役並みの所得者とは、勤務している人は標準報酬月額28 万円以上の人、および課税所得145万円以上の人、および課税所得145 万円以上の人と同一の世帯に属する人も対象。ただし同じ世帯の70 歳以上の人の収入合計が次の条件に当てはまる場合は、申請により「一般」世帯となる。

[自己負担割合2割のケース]

❶70歳以上74歳までの人が１人→383万円未満

❷70歳以上74歳までの人が２人以上→520万円未満

※健康保険組合や市区町村へ申請必要

高額医療費～70歳以上の自己負担額（平成30年8月～）

<table>
<tr><th colspan="2">適用区分（標報＝標準報酬月額）</th><th>個人ごと
（外来）</th><th>世帯ごと
（外来＋入院）</th></tr>
<tr><td rowspan="3">現役並みの所得者</td><td>年収約1,160万円～
（標報83万円以上）</td><td colspan="2">252,600円＋
(医療費－842,000)×1%</td></tr>
<tr><td>年収役770万円～約1,160万円
（標報53万円以上）</td><td colspan="2">167,400円＋
(医療費－558,000)×1%</td></tr>
<tr><td>年収約370万円～約770万円
（標報28万円以上）</td><td colspan="2">80,100円＋
(医療費－267,000)×1%</td></tr>
<tr><td>一般所得者</td><td>年収約156万円～約370万円
（標報26万円以下）</td><td>18,000円
（年間上限144,000円）</td><td>57,600円</td></tr>
<tr><td rowspan="2">住民税非課税等</td><td>Ⅱ住民税非課税世帯</td><td rowspan="2">8,000円</td><td>24,600円</td></tr>
<tr><td>Ⅰ住民税非課税世帯
（年金収入80万円以下）</td><td>15,000円</td></tr>
</table>

外来の場合の「個人ごとの自己負担限度額」と、同一世帯で同一医療保険に加入している場合に、外来と入院の自己負担額を合算する「世帯ごとの自己負担限度額」があります。
なお、世帯合算した額が自己負担限度額を超える場合の高額療養費は、あとから払い戻しを受けます。

75歳以上の医療費の負担額

POINT❶ 75歳以上の現役並み所得者でも1割負担に

❶ 同一世帯内の後期高齢者医療被保険者が1人の場合、本人の収入が383万円以下

❷ 本人と同一世帯内の70歳以上の人の収入の合計が520万円以下

▼

条件を満たして「基準収入額適用申請書」を提出すると
自己負担額を1割または2割にできる

POINT❷ 75歳未満でも後期高齢者医療制度に加入できる条件

❶ 65歳以上74歳以下

❷ 寝たきりなどの一定の障害があると認められる

自治体の窓口で申請を行うことで
後期高齢者医療制度に加入できる

※負担割合（1割、2割、3割）区分は75歳以上と同様

加入中の医療保険（健康保険組合や国民健康保険など）から脱退することが条件

POINT❸ 現役並みの所得者の定義

後期高齢者医療制度	世帯内に課税所得の額が145 万円以上の被保険者がいる場合
国民健康保険	世帯内に課税所得の額が145 万円以上の被保険者（70 ～74 歳に限る）がいる場合
被用者保険	被保険者が70 歳以上であり、その標準報酬月額が28万円以上の場合

介護保険を利用申請する

▼介護認定の手続きは迅速に行う

年齢を重ねると不意な怪我や病気を患ってそのまま介護生活に突入することも珍しくありません。それに加えて認知症のリスクもあります。祖父母や父母もしくは自分自身に介護が必要となったときには介護保険の手続きを迅速に行いましょう。介護保険は要介護者の地域包括支援センターに相談したのち、「要介護認定」を自治体に申請を行う必要があります。申請から認定まで約1カ月程度かかりますので注意を。

介護保険を利用申請の流れ

申請

市区町村の介護保険担当窓口に要介護認定の申請手続を行う

・要介護認定を受ける本人が住んでいる市区町村に申請
・申請は家族のほか、地域包括支援センターによる代行も可能

↓

調査

【認定調査】認定調査員が訪問し、本人の心身の状態を調べる
【主治医意見書】主治医が意見書を作成し、提出

↓

審査

【1次判定】認定調査の結果をコンピューターで分析する
【2次判定】以下の①～③をもとに介護認定審査会による要介護度の判定が行われる（要支援1、2～要介護1～5）
①1次判定の結果②認定調査の特記事項
③主治医意見書

↓

申請からおよそ1ヵ月で結果が通知される

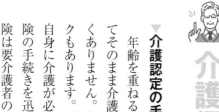

第5章

定年前後の相続

相続手続きを計画的に進める

▼相続手続きの落とし穴を理解する

相続税の申告・納税期限は故人が亡くなった翌日から10ヵ月以内です。あっという間に過ぎていくので相続の手続きは速やかに行うことが大切です。まず確認したいのが遺言書の有無です。遺言書が自筆証言遺言書だった場合は原則的に家庭裁判所で検認の手続きが必要です。次に被相続人の財産状況の確認です。被相続人の財産より借金の方が多い場合は相続放棄もできますが、この手続きは3カ月以内に家庭裁判所への申し立てが必要です。

また、被相続人が確定申告が必要な場合は4カ月以内に被相続人の納税地の税務署に所得税の準確定申告書を提出する必要があります。この準確定申告書には相続人の署名が必要です。

なお、このような手続きを行っている間に遺言書が発見されなかった場合は、遺産分割協議を行い相続人間で遺産分割を取りまとめ、相続税の申告と納付を行わなければなりません。

相続手続きのスケジュール

7日以内	市区町村役場に死亡届を提出する。
	葬儀や告別式を行う（葬儀費用は、相続税の計算で差し引くことができる）。
すみやかに	健康保険の資格喪失届や年金の受給停止手続き、金融機関などへ死亡の届け出、公共料金の名義変更、生命保険金の請求手続きなど。
	遺言書の有無を確認する ●遺言書がある場合→遺言書により財産を分配する（自筆証書遺言、秘密証明遺言は、原則家庭裁判所の検認が必要）。 ●遺言書がない場合→遺産分割協議により財産を分割する。
	相続人を確定する/財産を整理してリストにする ●戸籍謄本などで、隠れた相続人はいないか調べる。相続人確定後、遺産分割協議を始める。 ●すべての財産を細かく調べ、財産をリスト化する。
3ヵ月以内	**財産を相続するかどうか決める**
4ヵ月以内	**準確定申告を行う**
10ヵ月以内	**遺産分割協議をまとめる**
	相続税の申告書を作成する
	相続税の申告、納付を行う

法定相続人の範囲と順位

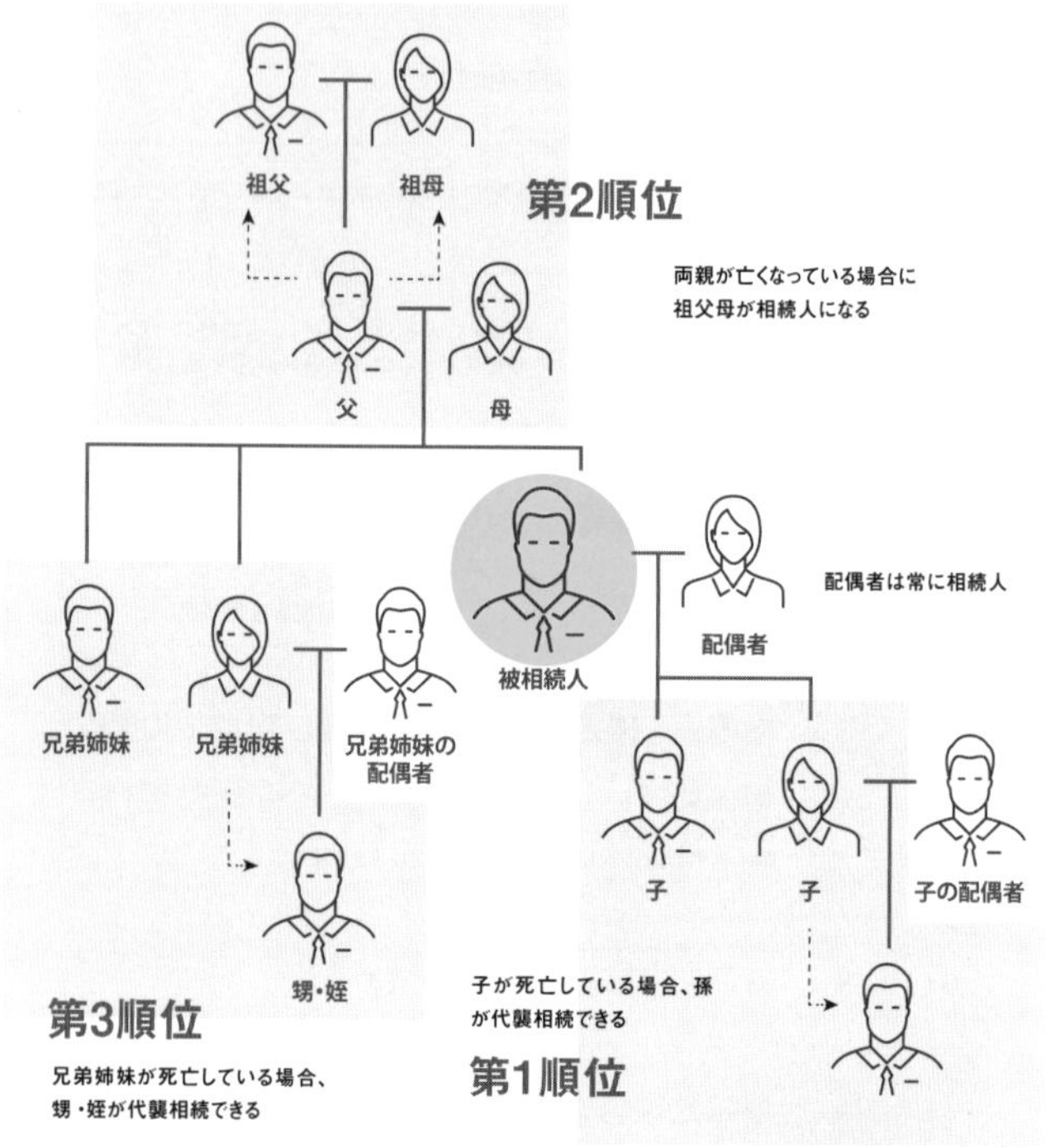

祖父
祖母
第2順位
両親が亡くなっている場合に
祖父母が相続人になる
父
母
被相続人
配偶者
配偶者は常に相続人
兄弟姉妹
兄弟姉妹
兄弟姉妹の
配偶者
甥・姪
第3順位
兄弟姉妹が死亡している場合、
甥・姪が代襲相続できる
子
子
子の配偶者
子が死亡している場合、孫
が代襲相続できる
第1順位

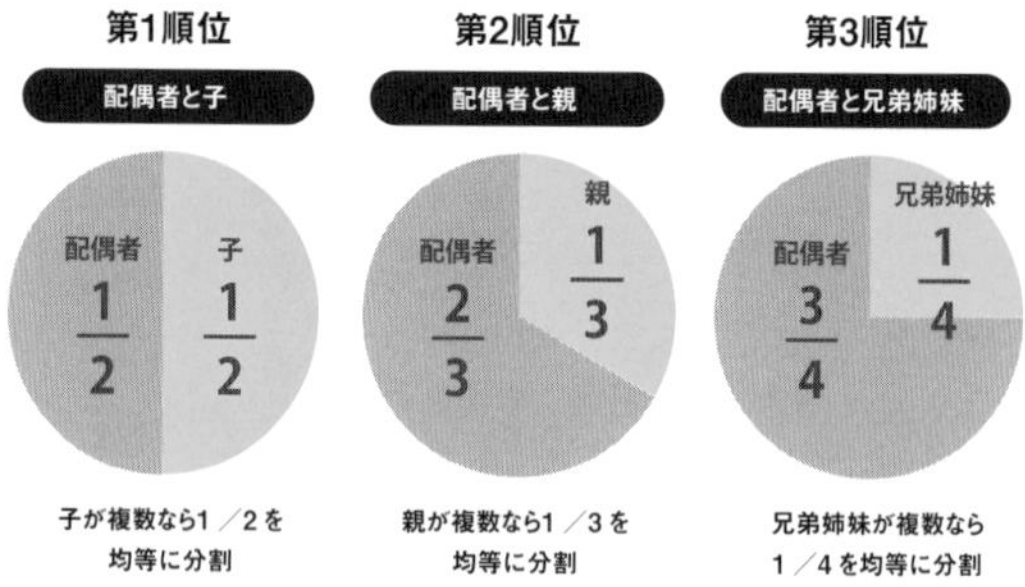

第1順位
配偶者と子
配偶者 1/2
子 1/2
子が複数なら1／2を
均等に分割
第2順位
配偶者と親
配偶者 2/3
親 1/3
親が複数なら1／3を
均等に分割
第3順位
配偶者と兄弟姉妹
配偶者 3/4
兄弟姉妹 1/4
兄弟姉妹が複数なら
1／4を均等に分割

遺言書の種類

	自筆証書遺言	公正証書遺言	秘密証書遺言
作成方法	遺言を残す人が自筆で遺言内容を書き、署名・押印する。(財産目録はパソコンで作成可)	公証人に遺言内容を口頭で伝え、筆記してもらう	遺言を残す人が遺言書を作成・封印して、それに遺言者、公証人、証人が署名・押印する。
証人	不要	必要(2人以上)	必要(2人以上)
メリット	●作成は、好きな時と場所で行える。 ●ほとんど費用がかからない。 ●遺言書の存在や内容を秘密にできる。	●紛失や第三者による破棄や隠匿、変造の不安がない(原本が公証役場に保管される)。 ●専門家が作成するため、形式の不備が生じる不安がなく、内容を正確に伝えられる。	●遺言書の内容を秘密にできる。 ●パソコンなどの使用や代筆が認められる。
デメリット	●死後、発見されないことがある。 ●第三者による破棄、変造、隠匿のおそれがある。 ●形式の不備で無効になることがある。 ●内容が正しく伝わらないおそれがある。	●一定の手数料などが必要になる。 ●公証人や証人に遺言の存在、内容を知られる。 ●通常、公証役場に行く必要があるなど、手続きがやや面倒。	●本人保管のため、紛失のおそれがある。 ●形式の不備で無効になることがある。 ●一定の手数料などが必要になる。 ●公証人や証人に遺言の存在を知られる。 ●通常、公証役場に出向く必要がある。
相続時の手順	2020年より自筆証書遺言については法務局に預け、データ保管することで家庭裁判所の検認手続きを不要にできる制度が始まりました。→ 相続手続き	相続人が内容を確認→ 相続手続き	家庭裁判所に検認を申し立てる。(勝手に開封してはならない)→家庭裁判所で遺言書の検認が行われる→検認済証明書を申請し、交付を受ける→ 相続手続き

相続対象となる財産を確認する

▼財産リストを事前に作成しておく

ご相続が発生してから相続税申告期限まで10ヵ月しかありません。また各種控除を受けるためには相続人間のトラブルなく円滑な遺産分割手続きが必要です。そのためにも、事前に相続対象となる財産のリストを作成して現状の財産状況を確認しておくことが大切です。通常、まず財産相続の対象となるのは預金や株式・投資信託などの金融資産です。ビットコインといった仮想通貨も金融資産に含まれます。次に土地や建物などの不動産です。所有している不動産をすべて確認します。そして車・家財・ゴルフ会員権・貴金属・宝石・書画骨董。生命保険もみなし相続財産として加わります。ここから借金や住宅ローンの残高を差し引いたものが相続税を計算する課税価格となります。財産リストを作成したら、おおよその財産の総額が把握できるので、相続税がどの程度かかるのか試算してみましょう。相続税はまとまった金額が必要となるケースが多いので事前の準備が肝心です。

財産リストをつくって税金をチェック

名称、所在地など	・不動産の所在地は、住所ではなく登記事項証明書による「地番」を書く。 ・預貯金などは金融機関名。本・支店名も書く。定期預金などは満期日も。
数量、面積など	・不動産の面積は登記事項証明書で確認する。また、持分割合なども書いておく。 ・借地権なども書く。・有価証券は、銘柄や種類、口数を書く。
金額（目安）	・金額は、現時点での時価または相続財産の評価方法で計算する

○年○月○日現在

財産の区分			名称、所在地など	数量、面積など	金額（目安）
プラスの財産	不動産	土地			円
					円
		家屋			円
					円
	金融資産	預貯金			円
					円
		株式、債券など			円
					円
		生命保険金			円
	その他	ゴルフ会員権			円
		家財			円
	合計				円

財産の区分			名称、所在地など	数量、面積など	金額（目安）
マイナスの財産	債務	借入金			円
					円
		未払金			円
					円
	合計				円

基礎控除

3000万円＋600万円×［　　　　］＝［　　　　円］

（［　　　　］＝法定相続人の数）

主な相続財産の評価方法

不動産

宅地(自用地)

路線価方式

路線価*×地積(㎡)

宅地の形状、位置、道路との関係等で加算、減算する

倍率方式　路線価のない宅地

固定資産税評価額×倍率

借地権

(借りている土地に対する権利)

自用地評価額×借地権割合*

*地域により30〜90%

自用家屋

(自分で所有している家)

固定資産税評価額×1.0

貸宅地

(貸している土地・建物は他人所有)

自用地評価額−(自用地評価額×借地権割合)

*地域により30〜90%

貸家建付地

(貸している土地・建物は自己所有)

自用地評価額−
(1−借地権割合×借家権割合*
×賃貸割合)

*原則30%

貸家

固定資産税評価額−
(1−借家権割合*×賃貸割合)

*原則30%

その他

預貯金

預入残高+利息*

*相続開始の日に発生している利息(既経過利息)。

株式

上場株式

①相続開始日の終値(最終価格)
②相続開始日が属する月の終値の月平均額
③相続開始日が属する月の前月の終値の月平均額
④相続開始日が属する月の前々月の終値の月平均額
①〜④の最も低い価格

取引相場がない株式

上場している同業他社の株価や、その会社の純資産などから評価する

ゴルフ会員権

取引相場があるもの

取引価格×70%*

取引相場がないもの

株式としての評価額*

*預託金がある場合、預託金をプラスする。

家庭用動産

(自家用車や家財など)

原則として売買実例価格
(実際に市場で売買されている価格)

相続税申告書の作成

作成手順	各種表番号	表及び付表名
手順2&手順4	第1表	相続税の申告書
	第1表(続)	相続税の申告書(続)
	(第1表の付表1～付表5)	(省略:「納税義務等の承継に係る明細書」など)
	第2表	相続税の総額の計算書
	第3表	(省略)
手順3	第4表	相続税額の加算金額の計算書
	第4表の2	暦年課税分の贈与税額控除額の計算書
	第5表	配偶者の税額軽減額の計算書
	第6表	未成年者控除額・障害者控除額の計算書
	第7表	相次相続控除額の計算書
	第8表	外国税額控除額・農地等納税猶予税額の計算書
	第8の2表	株式等納税猶予税額の計算書
	(第8の2表の付表1～第8の5表)	(省略:「非上場株式等についての納税猶予の特例の適用を受ける特例非上場株式等の明細書」など)
手順1	第9表	生命保険金などの明細書
	第10表	退職手当金などの明細書
	第11表	相続税がかかる財産の明細書(相続時精算課税適用財産を除きます)
	第11の2表	相続時精算課税適用財産の明細書・相続時精算課税分の贈与税額控除額の計算書
	第11・11の2表の付表1	小規模宅地等についての課税価格の計算明細書
	第11・11の2表の付表1(続)	小規模宅地等についての課税価格の計算明細書(続)
	第11・11の2表の付表1(別表)	小規模宅地等についての課税価格の計算明細書(別表)
	(第11・11の2表の付表2～付表4)	(省略:「小規模宅地等、特定計画山林又は特定事業用資産についての課税価格の計算明細書」など)
	第12表	農地等についての納税猶予の適用を受ける特例農地等の明細書
	第13表	債務及び葬式費用の明細書
	第14表	純資産価額に加算される暦年課税分の贈与財産価額(略)の明細書
	第15表	相続財産の種類別価額表
	第15表(続)	相続財産の種類別価額表(続)

相続で引き継いだ家の活用方法

▼相続した家に住まない場合は売却も

２０２４年４月より不動産を相続した場合、３年以内に相続登記をしなければならないとされました。正当な理由なく申請をしなかった場合は10万円以下の過料が課せられる可能性があります。

また、相続した家が空き家となった場合、仮に倒壊や火事などで周辺被害が出た場合に管理者責任を問われることもあります。相続した家に居住しない場合は早めに売却するのも一つの方法です。

相続登記の手続き方法

どこで　法務局（不動産の所在地を管轄する）

必要書類

- 登記申請書
- 被相続人の出生から死亡までの戸籍謄本
- 住民票の除票
- 相続人全員の戸籍謄本
- 新名義人の住民票
- 相続人の印鑑証明書＋実印など
- 固定資産評価証明書
- 遺産分割協議書又は遺言書

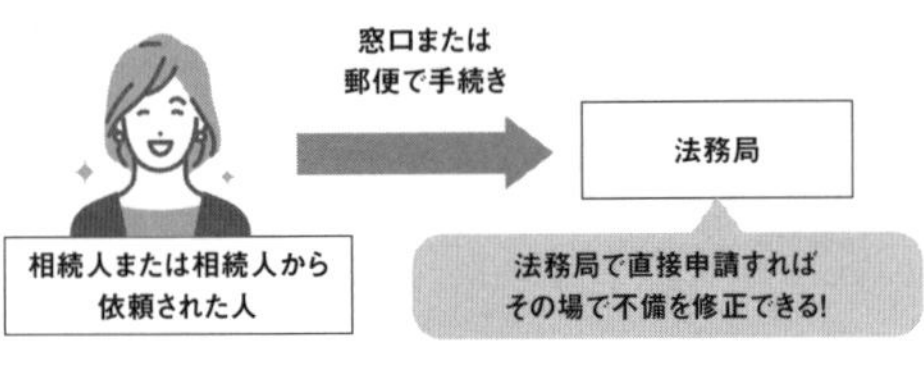

窓口または
郵便で手続き
法務局
相続人または相続人から
依頼された人
法務局で直接申請すれば
その場で不備を修正できる!

司法書士に依頼することもできる

相続した家を売却する

POINT❶ 固定資産税を抑えられる

家（家屋）

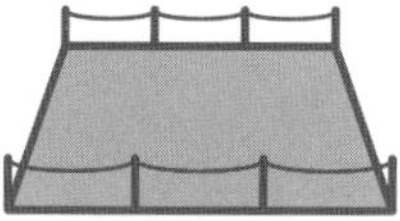

土地（宅地）

家や土地といった財産を所有していると毎年固定資産税を納める必要がある

家や土地を売却することによって固定資産税を納める義務がなくなる

POINT❷ 空き家のリスクを軽減できる

空き家リスク

・倒壊、火事などが発生して被害が出た場合、所有者が責任を問われることがある
・衛生環境の悪化や、近隣の景観を損なう場合は、周辺住民とのトラブルになる可能性がある

相続した家に
住まない場合。
空き家リスクを
回避するために
早めに手放しましょう

相続後はすぐに相続登記を行う

相続後は相続登記を必ず行う

土地や家を相続した場合、
スムーズに処分できるように
相続登記が必須。
また、2024年4月からは
相続登記が義務化される

相続が
終わっても
いろいろな
手続きが
残っています

（登録免許税）
固定資産評価額×0.4%

相続した不動産のその後の選択肢

▼相続した家にすまない場合は処分

親世代と別々に暮らしている人も多く、相続した不動産を自宅としては利用しない人も多いでしょう。そのまま空き家にしていると、防犯上や家屋の維持管理という問題も生じてきますし、「空き家問題」は社会的な課題です。一方では家を解体して更地にすると、自宅があるときに比べて固定資産税が3倍近く高くなるケースもあります。将来自宅として利用しないのであれば、売却や有効活用を検討しましょう。

昭和56年5月31日以前に建築された自宅で一定の要件を満たせば、売却したときに譲渡益から３０００万円の特別控除（令和9年12月までの売却）が差し引くことができて、譲渡所得税が軽減できます（空き家特例）。有効活用を考える場合は、自宅の場所が建築基準法上の用途制限で、住宅系や福祉系の建物しか建築できないケースも多いと思います。そのまま貸し出すにもリフォーム資金が発生します。ぜひ専門家の意見を聞きながら検討しましょう。

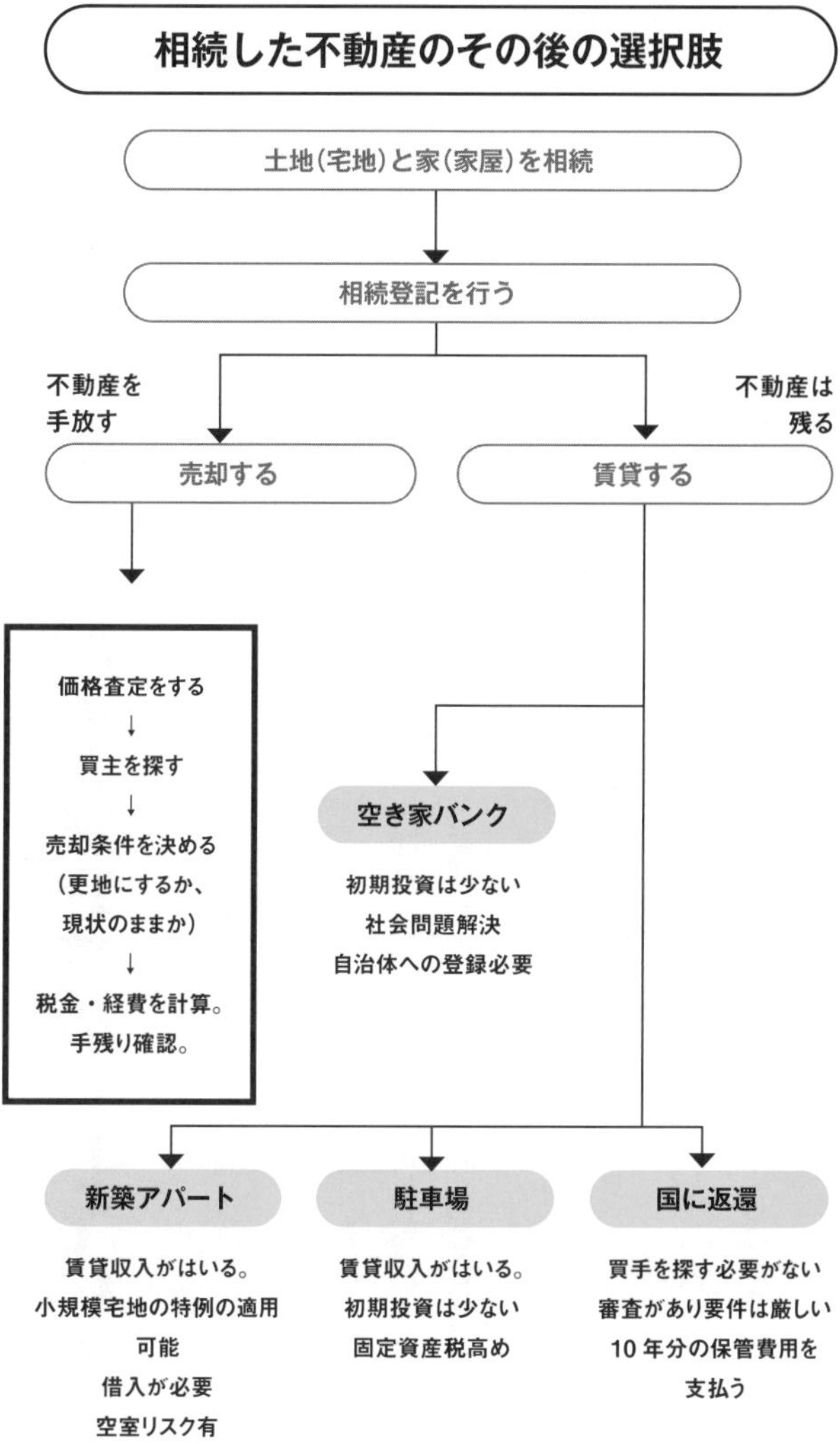
相続した不動産のその後の選択肢
土地(宅地)と家(家屋)を相続
相続登記を行う
不動産を手放す
不動産は残る
売却する
賃貸する
価格査定をする
↓
買主を探す
↓
売却条件を決める
(更地にするか、
現状のままか)
↓
税金・経費を計算。
手残り確認。
空き家バンク
初期投資は少ない
社会問題解決
自治体への登録必要
新築アパート
賃貸収入がはいる。
小規模宅地の特例の適用
可能
借入が必要
空室リスク有
駐車場
賃貸収入がはいる。
初期投資は少ない
固定資産税高め
国に返還
買手を探す必要がない
審査があり要件は厳しい
10 年分の保管費用を
支払う

贈与を活用して将来の相続税を減らしていく

▼暦年贈与と特例の活用

将来の相続税負担の軽減のためには生前贈与は有効な手段です。暦年贈与課税制度は年間１１０万円までなら基礎控除以下になり非課税ですが、連年贈与と見られないように、毎年贈与者と受贈者間で意思確認をすることが重要です。２０２４年からは税制改正で相続時に加算する期間が3年から7年間に延長されました。

また、さらに多くの贈与が可能になる特例もあります。「贈与税の配偶者控除」は婚姻期間が20年以上の配偶者（ただし内縁関係は除く）に居住用不動産または購入資金を贈与した場合２０００万円まで非課税になります。また「教育資金の一括贈与」も税制改正で一定の見直しとなりましたが、孫に教育資金をまとめて贈与する場合、１５００万円まで非課税になる有利な制度です。「結婚・子育て資金の一括贈与」も結婚費用が３００万円まで非課税となりますが、使い切れなかった場合は残額に贈与税がかかることには留意しましょう。

生前贈与が増やせる特例

贈与税の配偶者控除

結婚20年以上の夫婦間で、マイホームまたはその取得資金を贈与した場合

2000万円まで非課税

適用の主な条件

- 婚姻期間が20 年以上である。
- 居住用不動産または居住用不動産の取得資金の贈与である(土地だけの贈与も可)。
- その不動産に翌年3 月15 日までに入居し、引き続き居住する。
- 同じ配偶者との間で、過去にこの特例を受けていない。

贈与の翌年、贈与税の確定申告を行う

※移転コスト(登録免許税・不動産取得税)負担に注意

教育資金の一括贈与の非課税特例

親や祖父母が、子や孫に教育資金を贈与する場合

1500万円まで非課税

適用の主な条件

- 子や孫は原則30 歳未満(※)で、合計所得金額が1000 万円以下。
- 贈与財産は、信託銀行などに一括で預け入れる。
- 令和8 年3 月31 日までの特例。
- 贈与を受けた人は払い戻しごとに、報告書などを金融機関に提出する。

(※)30 歳時点で在学中などなら、最長40 歳に達するまで延長可。

受贈者が30歳に達した場合など、残額について贈与税の申告を行う(※)

(※)贈与者の死亡時に残高がある場合、原則として相続税の対象となる。受贈者が孫・ひ孫なら相続税の2割加算の対象。

相続時精算課税制度を利用する

▼令和6年から税制改正で利用しやすく

相続時精算課税制度とは、60歳以上の親が18歳以上の子供や孫に財産を贈与する際に２５００万円まで非課税で贈与でき、超過分に一律20%を課税。将来贈与した者が亡くなり相続が発生したときは贈与財産に加算して相続税を計算する制度です。

税制改正で２０２４年1月以降は相続時精算課税制度にも、暦年贈与課税制度とは別に年間１１０万円の基礎控除が創設され利用しやすくなりました。

一方、相続時精算課税制度を1度選択すると、それ以降は暦年贈与課税の選択はできなくなります。また、相続時精算課税制度で贈与された宅地は小規模宅地等の特例は対象外となります。デメリットもあるので注意は必要です。

相続時精算課税か暦年贈与課税かは贈与者ごとに制度が選べます。例えば父親からの贈与は相続時精算課税制度を利用し、母親からの贈与は暦年贈与課税制度を利用すること等もできます。

相続時精算課税制度の仕組み

どこで

所轄の税務署に届出書を提出

対象者

・贈与者は、贈与をした年の1 月1 日時点で60 歳以上である父母または祖父母
・受贈者は、贈与を受けた年の1 月1 日において18 歳以上、かつ贈与者の直系卑属（子や孫など）である推定相続人、または孫

いつまでに

はじめて贈与があった年の翌年2月1日～3月15日まで（贈与税申告期間）

最大2500万円まで非課税になる

●2024年から年間110万円の基礎控除が創設

POINT❶ 暦年課税制度と相続時精算課税制度の違い

暦年課税制度がよいケース

●相続人以外（孫など）への贈与

●早い段階からの生前贈与
毎年少額で分割して贈与できる場合、手続きが不要

相続時精算課税制度がよいケース

●賃貸物件を持っている
賃貸での収益は贈与した時点から受贈者の財産になり、相続税の対象にならない

●値上がりする財産を持っている
相続税は贈与時の価額で評価されるため、値上がりした分だけお得になる

●すぐに生前贈与を済ませたい
2500万円まで非課税で贈与できる

●相続時、相続税から控除しきれない贈与税は還付される

POINT❷ 贈与する人ごとに制度を選べる

父　相続時精算課税制度を使う →
母　相続時精算課税制度を使う →
祖父　暦年課税を使う →

相続時精算課税制度を使う場合、受贈者は忘れずに届出を出しましょう

受贈者

相続した土地を国に返還する

▼固定資産税対策の有効手段

2023年4月27日より相続土地国庫帰属法が施行されました。この法律は正式名称「相続等により取得した土地所有権の国庫への帰属に関する法律」といい、希望者が承認申請を行って法務局による審査を受けて通過すれば、相続した土地の所有権と管理責任を国に引き取ってもらえるという法律です。

通常であれば、土地の所有者には固定資産税が発生しますが、この法律を適用して土地を手放すことで固定資産税の支払いから免除されます。ただし、この法律で返還できるのは相続により取得した土地のみであり、また、申請できるのは原則として取得した人のみとなります。また、建造物がある土地や担保権が設定されている土地はこの法律の対象外です。

承認された場合は10年分の標準的な管理費用を考慮した負担金の納付義務があります。現状では原野で約20万円、市街地の200㎡の宅地で約80万円程度になります。

国に返還できる土地の条件

どこで

法務局

いつまでに

期限はない

必要書類

・印鑑証明書
・公区
・現地写真
・隣接する土地との境界がわかる写真
など

相続した土地を全て返還できると → 固定資産税などの支払いが不要になる

POINT❶ 返還できるのは相続した土地のみ

・売買によって取得した土地は対象外
・相続した土地であっても相続登記していないと対象外

POINT❷ 国の審査を満たす必要がある

・返還にあたって国の審査を通る必要がある
・下記の土地は承認申請対象外または不承認

- 建物がある
- 墓地や境内、通路など地元住民が利用する場所
- 境界線が不明な土地

そのほかに、担保権が設定されている土地、
汚染されている土地なども対象外

配偶者居住権で相続した家に住む

配偶者居住権とは、２０２０年4月1日より新たに認められた配偶者の居住権を保護するための権利です。相続財産は法定相続分に従って分割相続するのが原則ですが、夫の財産（自宅３０００万円、預金３０００万円）を相続した妻と子どものうち、妻が自宅を相続したときに預金は受け取ることができません。老後資金が必要な場合、妻は自宅を処分せざるをえないという問題に直面します。配偶者居住権が認められることによって、被相続人の配偶者が相続開始時に被相続人名義の建物に居住していた場合、配偶者が亡くなるまで、もしくは一定期間無償で居住することができるようになりました。また、通常、自宅不動産の評価額が配偶者の相続分より多い場合、配偶者は自宅を相続することによって、他の相続人に対し代償金を支払う義務を負うことになりますが、配偶者居住権を使うと、自宅不動産の所有権より取得する財産の価額が下がるので、代償金を支払う必要ないか少なくて済みます。

配偶者居住権の仕組み

POINT❶ 配偶者居住権のしくみ

相続財産
・自宅　1億円
・現金 2000万円

相続人
・配偶者
・息子（1人）

6000万円ずつ分ける

●配偶者居住権を使わない場合

相続の際に配偶者は差額の4000万円を息子に支払わなければいけないため、家を売却しなくてはいけないこともある

配偶者：1億円の自宅 → 売却 → 6000万円の現金

4000万円を息子へ

息子：2000万円の現金 ＋ 4000万円の現金

●配偶者居住権を使う場合

自宅の価値を「住む権利（居住権）」5000万円と「その他の権利（所有権）」5000万円に分けて相続する

配偶者：5000万円の居住権 ＋ 1000万円の現金

継続して自宅に住める!

息子：5000万円の所有権 ＋ 1000万円の現金

設定案件・配偶者が住んでいた建物
被相続人単独所有または配偶者と共有の建物。配偶者以外との共有は不可（土地共有は可）。

POINT❷ トラブルを避けるために相続した家の登記を行う

いつまでに 期限はないが早めに行う　**必要書類** 法務局

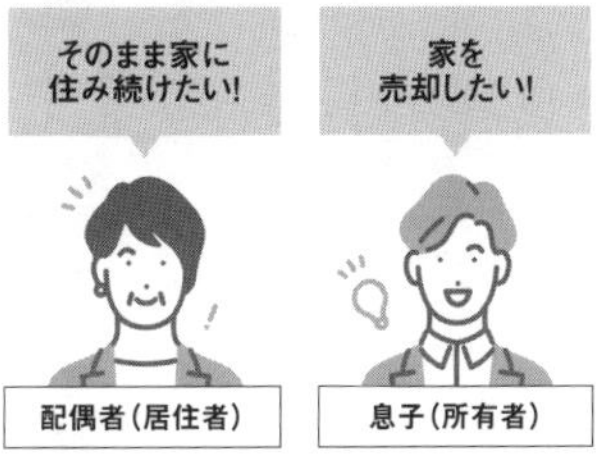
そのまま家に住み続けたい!
家を売却したい!
配偶者（居住者）
息子（所有者）

配偶者居住権は登記が義務づけられており、登記によって第三者に対抗できます。（民法1031条1項・2項）

相続税評価額を減額して、税金を圧縮する

▼一定面積まで最大80%減額できる

小規模宅地等の特例とは、被相続人等の生活の基盤となっている居住用や事業用などの宅地等の評価額から一定割合を減額できる制度です。自宅が対象になる「特定居住用宅地等」は３３０㎡までの部分が80％、また事業で利用している「特定事業用宅地等」は４００㎡まで80％、アパート事業等で利用している「貸付事業用」は２００㎡まで50％の評価額を減額することが可能ですが、この特例を受けるためには申告期限（相続発生から10ヵ月）までに相続する人を決める必要があるため、円滑な遺産分割が必要です。また、そのほかにも居住用の場合に適用が受けられるのは配偶者や同居親族ですし、同居親族が適用を受ける場合は、相続税申告期限まで保有継続等が必要です。また、アパートや駐車場（アスファルト舗装）などの貸付事業用の場合には、相続までに3年間賃貸事業を行っていることが必要です。その他にも適用要件がありますので、事前に確認が必要です。

[特定居住用宅地等]

□適用できる人:配偶者・同居親族
□土地面積:330㎡　□保有継続基準あり

●330㎡以下、1億円の自宅を同居の1人息子が相続した場合

相続評価額		減額率		基礎控除		相続税の対象
1億円	×	(1-80%)	-	3900万円	<=	0円

1億円×(1-80%)-3900万円<=0円

小規模宅地等の特例が適用!

相続税の対象が0円になったため
相続税の支払いがない!
配偶者、同居親族のいないときは「家なき子」特例あり

[貸付事業用宅地等]

●被相続人が事業を行っていた土地

□相続開始前から被相続人が事業を行っている
□土地面積　400㎡まで

↓

減額率 **80%**

●被相続人がアパート・駐車場として貸していた土地

□相続開始3年前から被相続人が事業を行っている
□土地面積　200㎡
□申告期限まで保有・事業継続

↓

減額率 **50%**

小規模宅地等の特例は、
申告期限(相続発生から10ヵ月)までに
相続税申告をすることが必要

連続する相続は相次相続控除を適用

▼二次相続は相続税が高くなる

両親のどちらかがなくなったときの相続を一次相続、残った配偶者がなくなったときの相続を二次相続といいます。

一般的に一次相続に比べて二次相続は相続税が高くなる傾向にあります。これは主に以下の理由が考えられます。①相続人が減って基礎控除が減額される。②配偶者控除が使えなくなる。③死亡保険金と死亡退職金の非課税限度額が減る。④配偶者がもともと所有していた財産が合算される。⑤小規模宅地等の特例の適用条件が厳しくなる。

このような二次相続のときの相続税を抑えるためには、生前贈与を活用したり、一次相続の段階でできるだけ多くの遺産を子どもに相続させたり、小規模宅地の特例を2次相続でも利用できるようにしたりとさまざまな方法があります。

なお、被相続人が10年以内に相続で財産を取得し、相続税を納付している場合、相次相続控除により一定額を減額できます。

相次相続控除

POINT❶ 相次相続控除とは

一次相続のあとすぐに二次相続が発生した場合

- ●二次相続は相続税が高くなりやすい
- ●同じ財産に対して二重に相続税がかかってしまう

相次相続控除を活用する

短期間で相続が重なった場合に、二次相続の相続税額から一定額が減額される制度

POINT❷ 相次相続控除を申請する

いつまでに 相続税の申告期限（被相続人の死亡から10カ月後）

必要書類 所轄の税務署

POINT❸ 相続税から控除される額の計算方法

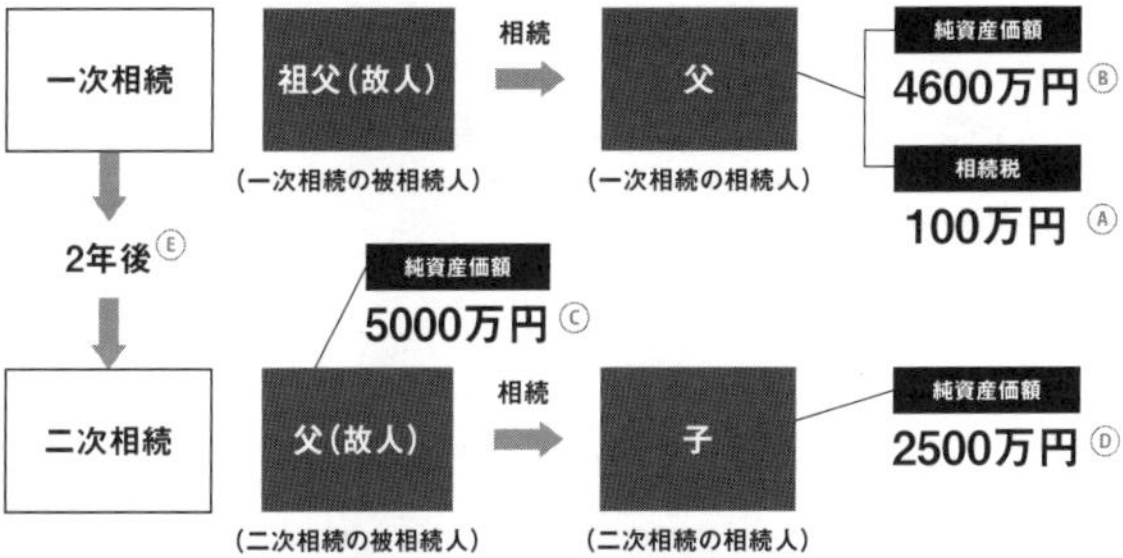

$$\overset{Ⓐ}{100\text{万円}}\times 1^{※}\times\frac{\overset{Ⓓ}{2500\text{万円}}}{\underset{Ⓒ}{5000\text{万円}}}\times\frac{\overset{Ⓔ}{10\text{年}-2\text{年}}}{10\text{年}}=40\text{万円}$$

※C/（B-A）だが、C>B-A の場合は1 として計算する

40万円が二次相続の際の相続税から控除される

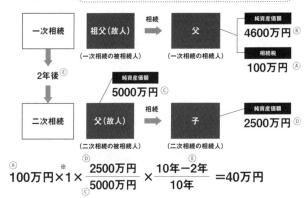

相続人以外の親族でも相続財産を請求

▼被相続人の介護者などが該当する

財産の維持や増加に貢献した相続人は相続財産に金銭をプラスして請求できます。これを寄与分の請求といいます。特別の寄与は相続人以外の親族も特別寄与料の請求が可能となりました。先に他界した夫に代わって義父を介護していた妻は「財産の維持や増加に貢献した」と認められた場合、相続人である義母に特別寄与料の請求ができます。ただし、被相続人の介護を証明する証拠を提示する必要があります。

相続人以外の特別寄与料の請求

いつまでに

・相続の開始および相続人を知ってから6ヵ月間以内
（相続開始から１年を経過すると請求できない）

どこで

家庭裁判所

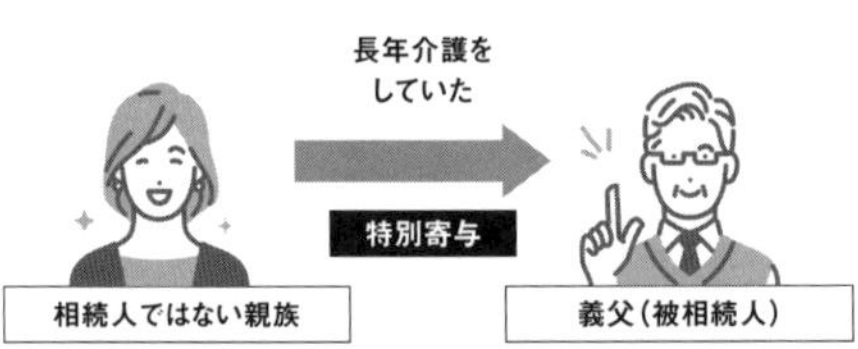

介護日記や家事記録などがあれば ....

被相続人に特別寄与をしたとして特別寄与料を請求できる

民事信託を活用して財産を管理

▼認知症発症後のリスクに備える

これは営利目的ではない財産管理の権限を特定の人物に移すという制度で、財産管理の依頼人を「委託者」、財産の管理人を「受託者」、利益享受する者を「受益者」とし、将来の被相続人が認知症を発症して財産管理などができなくなることを避けるための制度です。通常、委託者が子どもなどの推定相続人に指定して信託契約を結びます。ただし、被相続人がすでに認知症の場合は信託契約できません。

民事信託の関係図

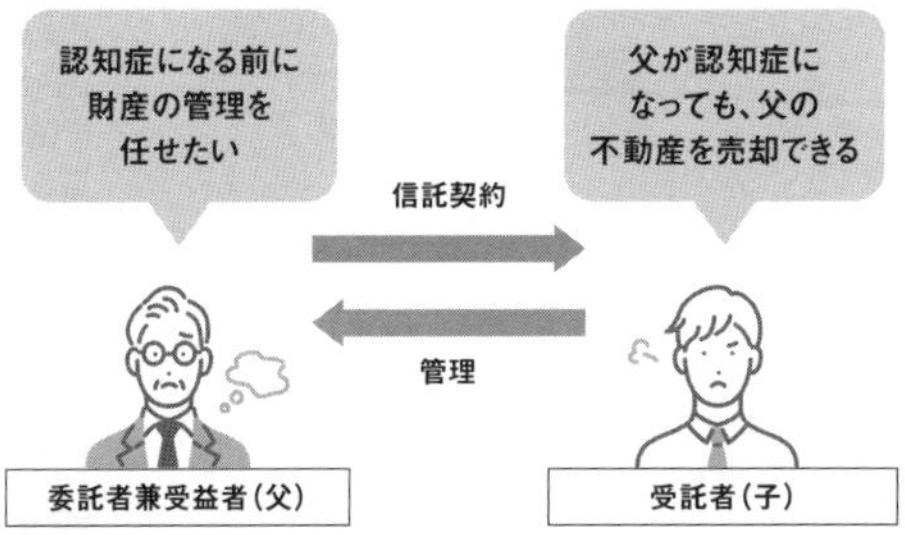
認知症になる前に財産の管理を任せたい
父が認知症になっても、父の不動産を売却できる
信託契約
管理
委託者兼受益者（父）
受託者（子）

認知症を患い判断能力がなくなってからでは
契約ができない点に注意しましょう

メリット	・契約に定めた方法で、柔軟に財産を管理できる ・財産の分配方法や分配先を指定できる

遺産分割前でも相続預金が引き出せる

▼葬儀代の仮払いが可能になった

人が亡くなると、故人が利用していた銀行口座などは凍結されますが、葬儀代やお墓代などの名目であれば、故人の預貯金から一定金額を引き出せます。相続人が単独で引き出せる額は「死亡時の預金残高×1／3×相続人の法定相続分」で同一金融機関からの払戻し上限は150万円。仮払いの申請方法は故人の口座の金融機関に申請書、払戻し希望者の身分証明、法定相続人すべて確認できる戸籍謄本を提出します。

故人の相続預金から引き出す

いつまでに

特になし（遺産分割協議が終われば凍結が解かれる）

どこで

故人の口座がある金融機関

↓

凍結された口座から引き出せないが

●引き出せる額は①②どちらか低い額

❶死亡時の預金残高×1/3×相続人の法定相続分

❷150万円

**葬儀代・お墓の費用・当面の生活費等に限り
最大150万円まで仮払い可能**

個人に借金があった場合は放棄

▼相続は放棄することができる

遺産というと、不動産や銀行預金、株式や会員権などを想像する方が多いかと思いますが、借金や未払い金も遺産に含まれます。遺産相続は借金も含めて相続するので、たとえば、借金や未払い金以外を相続するということはできません。そのため、財産よりも借金が多い場合は相続放棄することができます。ただし、一度相続放棄してしまうと再相続できないため、相続放棄する際は財産状況を確認してから行いましょう。

相続放棄する方法

いつまでに

相続の開始を知った日から
3カ月以内

どこで

被相続人が生前住んでいた
住所を管轄する家庭裁判所

必要書類

・相続放棄申述書
・被相続人の住民票除票
・相続放棄をする人の戸籍謄本
など

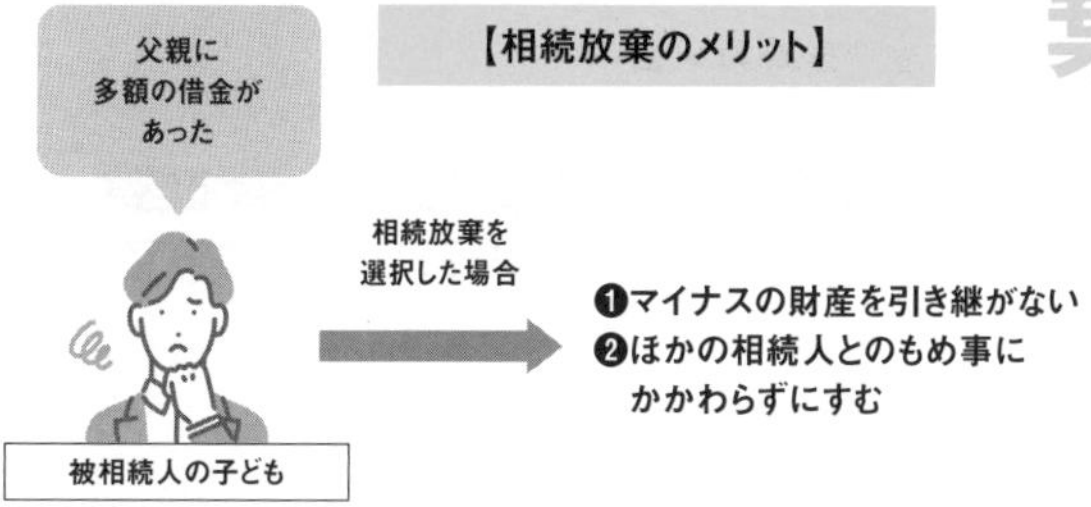
【相続放棄のメリット】
父親に
多額の借金が
あった
相続放棄を
選択した場合
❶マイナスの財産を引き継がない
❷ほかの相続人とのもめ事に
かかわらずにすむ
被相続人の子ども

死亡保険で相続税額を減らす

▼法定相続人数に応じて控除できる

保険加入者が亡くなると保険料が支給され、これに相続税が課せられますが、生命保険の受け取りの場合、「５００万円×法定相続人数」が非課税となります。生命保険５０００万円を相続人１人で受け取った場合、控除で５００万円が引かれて４５００万円となり、そこから基礎控除の３６００万円を除いた９００万円に対して相続税がかかるので90万円となり、控除がない場合と比べて70万円の節税効果があります。

生命保険金の相続税

●相続額　5000万円、相続人 1人の場合

預貯金の相続の場合

相続預貯金評価額	基礎控除	相続税
5000万円	–3600万円	→160万円

生命保険金の相続の場合

生命保険金	生命保険金の控除	基礎控除	相続税
5000万円	–500万円	–3600万円	→90万円

約70万円の節税効果!

知ってる人だけ得する

第6章
定年前後の暮らしと住まい

年金新世代の新常識

退職金を賢く増やす

▼新NISAを利用して資産形成する

ＮＩＳＡは通常の株式投資のように売買できる一般ＮＩＳＡと毎月一定額だけ買い付けして運用するつみたてＮＩＳＡに分かれています。従来のＮＩＳＡでは、たとえば、一般ＮＩＳＡの5年間の非課税保有期間と１２０万円の年間非課税枠といったように投資可能期間や非課税保有期間に制約がありました。２０２４年よりこれまでのＮＩＳＡの制度から大きく改正が行われるということで注目されています。

▼2024年より始まる新NISA

２０２４年より始まる新ＮＩＳＡの改正ポイントは主に3点です。これまで制約があった投資可能期間や非課税期間の制約がなくなりました。次に年間投資可能金額が積立投資額１２０万円＋成長投資枠２４０万円の計３６０万円に拡大されました。最後に一般ＮＩＳＡと積立ＮＩＳＡが統合されて投資枠が拡大されました。これらの改正により、投資を行ってこなかった人でも資産形成に取り組みやすくなりました。

新NISAの改正ポイント

そもそもNISAとは？

**非課税投資制度。一般NISAや
つみたてNISAといった種類がある**

	一般NISA	つみたてNISA
投資可能期間	5年	20年
投資可能期間（年間）	120万円	40万円
購入できる商品	株式や投資信託など	一定の条件を満たした投資信託・ETF
購入方法	通常の株式投資と同じ売買	定期継続買い付け
引き出せるタイミング	いつでも引き出し可能	
節税対策	運用益が非課税になる	

※2023年2月14日時点

（NISAは損益通算不可です）

↓

改正ポイント①

一般NISAとつみたてNISAが一本化

つみたて投資枠（つみたてNISAの機能）を中心に、
成長投資（一般NISAの機能）を設ける

改正ポイント②

年間の投資可能金額の拡大（併用可）

つみたて投資:120万円 成長投資枠:240万円
合計360万円まで投資可能になる

改正ポイント③

投資可能期間の恒久化、非課税期間の無期限化

従来の制度にあった投資可能期間、
非課税期間の制約がなくなる

iDeCoを利用して私的年金をもらう

ｉＤｅＣｏとは、公的年金（国民年金や厚生年金）とは別に自身が拠出した掛け金を運用することで資産形成できる私的年金制度のひとつです。公的年金と異なり、加入は任意で、加入の申込、掛金の拠出、掛金の運用のすべてを自分で行って掛金とその運用益との合計額をもとに給付を受け取ることができます。このｉＤｅＣｏも２０２２年に制度改正があり、最長64歳に加入年齢が引き上げられたことで定年を迎えた人でも利用しやすくなりました。

定年後から始めても遅くない

ｉＤｅＣｏはこれまで長期的な運用を前提とした制度のため、50～60代から始めても遅いと思われていましたが２０２２年の制度改正で最長64歳に加入年齢が引き上げられ、受け取り開始期間も75歳まで拡大されたことで運用できる期間に幅が生まれて定年後でも利用しやすくなっています。たとえば、64歳から加入して75歳に受け取り開始しても10年近く運用できます。運用期間が長ければ長いほど利益を狙えるので定年前後に検討してみましょう。

iDeCoの改正ポイント

そもそもiDeCoとは？

**非課税投資制度のひとつ。
公的年金にプラスして給付が受けられる私的年金**

	個人型確定拠出年金（iDeCo）
投資可能期間	20歳以上75歳未満
投資可能金額（年間）	14万4000円～81万6000円（条件によって異なる）
購入できる商品	投資信託、定期預金、保険など
購入方法	定期継続買い付け
引き出せるタイミング	原則60歳まで引き出しできない
節税効果	①掛金が全額所得控除 ②受け取りが終わるまで運用益が非課税 ③受け取り時に税制優遇がある

**注目
ポイント①**

加入可能年齢

会社員や公務員など第2号被保険者であれば
60歳以上でも加入可

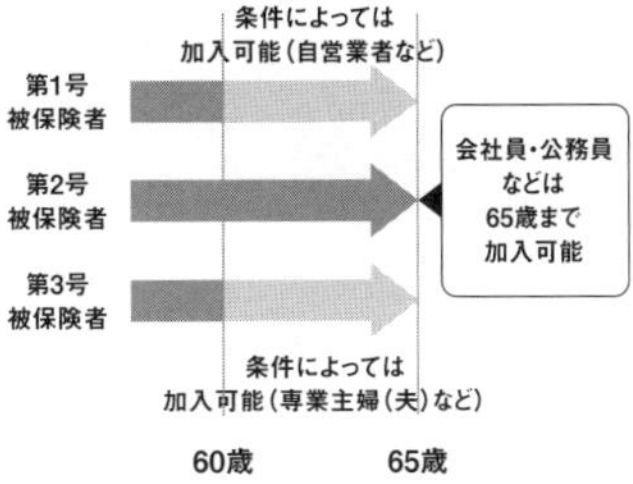

**注目
ポイント②**

受け取り可能年齢

最長で75歳まで運用できるため利益を
増やすチャンスがある

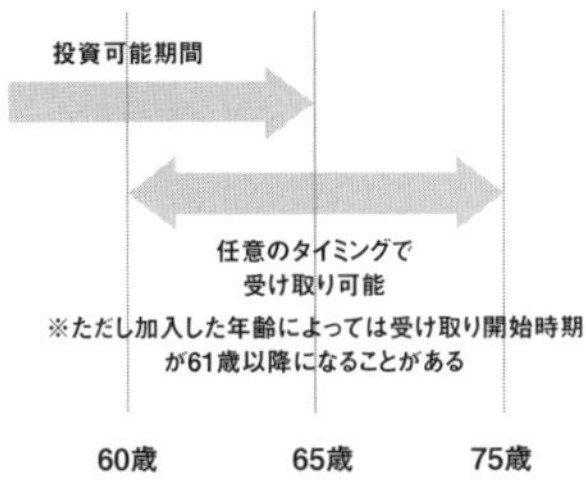

退職金専用定期預金を運用する

▼高金利の定期預金プラン

退職金専用定期預金とは、銀行や信用金庫、信用組合の一部で展開している退職金をもらった人だけが利用できるノーリスク&高金利の預金プランです。各金融機関ごとに決められた条件を満たすと普通預金より受取利息が格段に高くなり、金融機関によっては年率1%以上の金利を設定している場合もあります。投資信託等との組み合わせ定期もあるのでご留意ください。

退職金専用定期は1%前後の高金利

三菱UFJ信託銀行の例

（預入期間3ヵ月　税引後0.71%）

銀行に
3カ月間
退職金
1000万円を
預入

退職金専用定期預金

金利:年0.9%（税引前）

1000万円×0.9%×3/12ヶ月

＝2万2500円

税引後17,930円

普通預金

金利:普通預金年0.001%（税引前）

1000万円×0.001%×3/12ヶ月

＝25円

税引後18円

全世界株式投資信託を利用する

▼最も順調に利益を伸ばせている

全世界株式投資信託とは、日本を含む世界中の株式に投資する投資信託でここ数年では最も順調に利益を伸ばせる投資信託といわれています。世界中の株式が投資対象で50か国以上に分散投資できて日本円で小額から購入できるほか、投資対象が時価総額比率で自動調整されるので、中長期的な全世界の経済成長の恩恵を受けたい人に向いています。ただし、下落局面もあるので長期に渡る積立投資をおすすめします。

9.84%の運用益もとれた投資信託

全世界株式投資信託の例

eMAXIS Slim全世界株式（オール・カントリー）の場合

利回り	年利+9.84%
信託報酬	0.05775%
購入時申込手数料	無料
純資産総額	14,677億円
最低投資額	100円

※2023年10月31日時点

毎月3万円を10年間積み立てた場合

（運用収益+328万円）－（運用コスト21万円）

＝+307万円

家賃補助や貸付制度を利用する

▼家賃補助で賃貸居住費を賄う

賃貸物件に居住していて家賃の支払いが難しいときに利用したいのが「高齢者向け優良賃貸住宅の家賃補助」です。高齢者向け優良賃貸住宅とは住宅供給公社やＵＲ都市機構などによって設置・運営され、都道府県単位で認定された賃貸住宅です。有料老人ホームなどと比べて費用が抑えられており、収入が一定基準以下の場合、国や自治体などから最大40％程度、家賃補助を受けられます。

▼持ち家は貸付制度を利用する

持ち家の場合、固定資産税はかかるものの、定年まで住宅ローンを完済していれば、賃貸物件より居住費の負担を軽減できます。収入が減少した際には居住用不動産を担保に生活費を借入できる「不動産担保型生活資金の貸付」という制度もあります。利用すると1ヵ月当たり30万円以内で3ヵ月ごとに貸付を受けられます。貸付限度額は土地評価額の70％、貸付けの申込みは市区町村社会福祉協議会で受け付けます。

家賃補助と貸付制度の利用

	持ち家	賃貸
月々の支出	・ローンの返済(元本+利子) ・固定資産税 ・修繕費 ・保険料 ・管理費(マンションの場合)	・家賃 ・共益費 ・保険料 ・駐車場料金
収入が減少した際の対処法	**リバースモーゲージ** 自宅を担保に、評価額の50〜80%ほどの融資を受ける **不動産担保型生活資金の貸付** 自宅を担保に、最大で評価額の70%ほどの貸付を受ける	**高齢者向け優良賃貸住宅の家賃補助** 入居の初期費用は数十万円、月額費用は5万〜12万円ほど 収入が一定基準以下であれば最大40%程度の家賃補助を受けられる。 (横浜市の場合)

高齢者向け優良賃貸住宅は、バリアフリー化が整っています。

住宅ローンを繰上げ返済する

▼繰上げ返済で利息を減らす

年金生活に入る前になるべく固定の支出は減らしておきたいところです。住宅ローンなどの利息を減らしたいと思ったら繰り上げ返済を検討してみましょう。繰り上げ返済には2通りあります。まずひとつは「返済額軽減型」です。返済額軽減型は毎月の支払い分の一部を先行して返済することで残りの返済期間を短縮せずに返済額を減らすことができます。もうひとつは「期間短縮型」です。期間短縮型はある一定期間分の返済をまとめて返済することで毎月の支払額を変更せずに残りの返済期間を短縮することができます。利息を減らすことにより効果的なのは期間短縮型で返済期間を短縮することで気持ち的にもゆとりができます。繰り上げ返済は融資を申し込んだ金融機関であれば行うことができます。繰り上げ返済する1ヵ月前までに申し込みが可能です。ただし、金融機関によってはローン残高や支払い回数によって申請できない場合もあるので事前に確認しておきましょう。

期間短縮型の返済例

POINT❶ 繰り上げ返済を申請する

いつまでに
繰り上げて返済する1カ月前まで

どこで
融資を申し込んだ金融機関

▶ **申請条件 特になし**

※ただし、金融機関ごとに、ローンの残高・支払い回数によって申請できない場合がある

POINT❷ 期間短縮型のしくみ

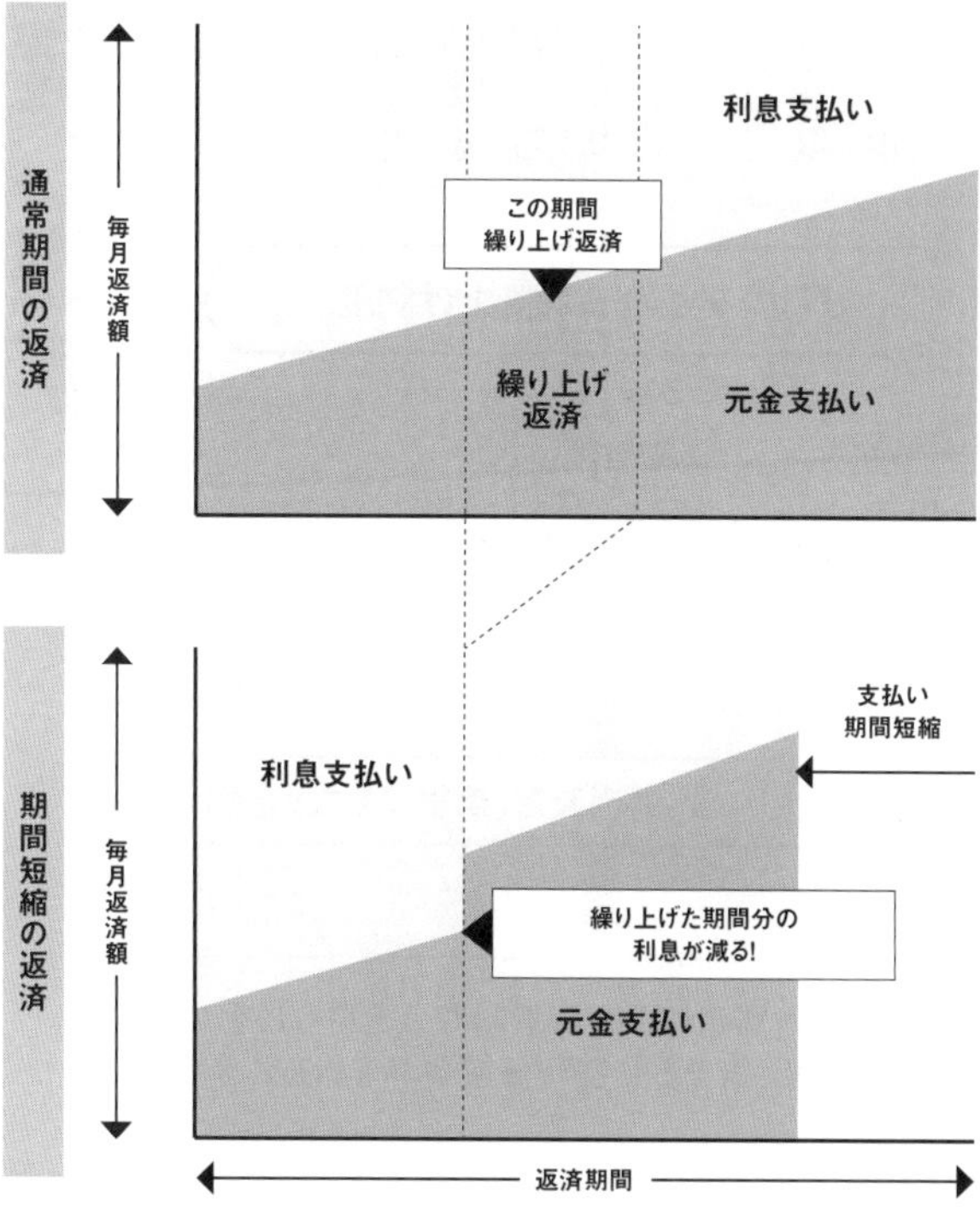

マイホームを貸し出す

▼空き家になっても収入が保障

一般社団法人移住・住みかえ支援機構（ＪＴＩ）の「マイホーム借上げ制度」を利用することで自宅を売却することなく収入を得ることができます。この制度を利用すると自分で貸し出すより手取りは少なくなりますが、入居者とのトラブルを回避できるうえに空き家でも最低保証賃料が支払われます。申し込みはＪＴＩの情報会員に登録してカウンセリングと予備審査を受けて申し込みます。

JTIのマイホーム借上げ制度

いつまでに

特になし

どこで

一般社団法人　移住・住みかえ支援機構（JTI）

対象の住宅

制度利用者が所有する一戸建て、共同建て（タウンハウスなど）、マンションなど

↓

カウンセリング、賃料査定、建物診断などを受ける

↓

・入居者が入れば賃料収入を得られる
・空き家でも空室時保証賃料を得られる

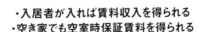

子どもが近居だと助成金が出る

▼介護も行いやすく助成金も出る

多くの自治体では「同居近居支援事業」として高齢者と同居や近居を行う家族が助成金を受けられる制度が整備されています。同一の市区町村内で直径1㎞（自治体によって異なる）以内に住むと近居とみなされ、助成金額はおおよそ10～50万円ぐらい。ただし、各市区町村によって助成金額や助成対象となる住宅は異なります。たとえば広島市だと賃貸でも助成が受けられますので、居住地の自治体の制度を調べてみましょう。

神奈川県厚木市の同居・近居の支援例

いつまでに

住宅の登記が完了してから6ヵ月以内

どこで

厚木市役所まちづくり計画部住宅課住宅政策係

対象の住宅

・親世帯が1年以上厚木市に居住しており、親世帯と近居・同居のため市外から転入する人
・10年以上近居・同居予定の人　など

※親元近居・同居住宅取得等支援事業補助金制度のうち、住宅取得補助金の情報を掲載

・近居の場合は40万円の助成を受けられる
・同居の場合は60万円の助成を受けられる

自宅を担保にして融資を受ける

▼リバースモーゲージを利用する

リバースモーゲージ型住宅ローンとは自宅を担保に融資を受け、毎月利息のみを支払いする住宅ローンです。通常のローンは元本と利息を毎月支払って残高を減らしていきますが、元本は利用者が亡くなった際に担保の自宅を売却して相続人が一括返済します。リバースモーゲージは銀行や信託銀行、地方銀行、信用金庫などの一部の金融機関のほか、自治体が福祉サービスの一環として扱っています。

▼仕組みは金融機関によって異なる

リバースモーゲージは金融機関によって異なります。定期的に定額の融資を受ける「年金型」、まとまった金額を一括して借りる「一括融資型」のほか、決められた金額の範囲で随時利用する「自由融資型」などがあります。定年後に残る住宅ローンをリバースモーゲージで完済して、生活を安定させるという利用方法のほか、老後の生活資金や介護資金の補填、リフォーム工事の資金といった活用方法もあります。

リバースモーゲージ型住宅ローンの一例

POINT❶ 金融機関にリバースモーゲージの申請を行う

いつまでに
特になし

どこで
メガバンク、地方銀行、信用金庫などの金融機関

資金調達
事業・投資目的以外

申請資格
55歳〜80歳

対象の住宅
戸建て、マンションなど

※金融機関によって細かい年齢制限や融資額、資金使途は異なる
※金利は住宅ローンより高め

POINT❷ リバースモーゲージのしくみ

契約者

自宅を担保にする →

← 融資を受ける
（自宅の評価額の50〜80%が上限）

毎月利息を返済 →
（死亡時に元本を返済）

金融機関

POINT❸ 融資を使って住み替えができる

リバースモーゲージで新居を購入	住宅ローンで新居を購入
融資額1500万円 （評価額が3000万円）	融資額1500万円
月々の支払額 約2万5000円 （利息のみ）	月々の支払額 約13万8000円 （元本+利息）
※年利2%で計算	年利2% 10年返済で計算

自宅を担保にして資金を借りる

▼資金使途は生活資金に限定される

市区町村社会福祉協議会の「不動産担保型生活資金の貸付」は、持ち家を担保にして融資を受けて申請者の死亡時、もしくは貸付限度額到達時に担保にした持ち家を処分して融資を返済する制度です。市区町村社会福祉協議会へ相談後に不動産の概算評価を受けて同協会と貸付契約を結びます。貸付限度額は土地評価額の70％ほどで、1ヵ月あたり30万円の金額が3ヵ月ごとにまとめて貸付されます。

市区町村社会福祉協議会への申請方法

いつまでに

特になし

どこで

市区町村社会福祉協議会

対象の住宅

マンションなどの集合住宅、土地に担保権が設定されている住宅は対象外

対象の住宅

下記すべてに該当すること
- ・申込者が単独で所有する戸建て（同居配偶者と共有戸建ても対象）
- ・世帯構成員全員が原則65歳以上
- ・土地の評価額が1500万円以上（1000万円以上でよいケースもある）
- ・非課税世帯　など

上限額は評価額の70％

死亡時または貸付限度額到達時に不動産を処分して返済

自宅の評価額が3000万円だと＝
借り入れ額 最大2100万円

田舎暮らしという選択肢

▼期間を決めた田舎暮らしは賃貸がよい

定年後に田舎で暮らしたいと考えている方も多いと思います。農業をしながら、スキーのインストラクターをしながら、山岳ガイドをしながら等、もしかしたら、趣味を軸足にしながらも一定の収入が得られるかもしれません。しかし、定年と同時に検討するのでは遅すぎます。セミナーや体験イベントへ参加しながら、自分に適した場所を選びましょう。

また、60代は田舎で暮らして、70代になったら再び都心で、という選択肢もあります。その場合は、田舎暮らしも賃貸、自宅も賃貸、も1つの方法です。最近は定期借家契約での戸建賃貸も増えてきましたので、自宅に戻る可能性が強い人は、ぜひ利用しましょう。

建物賃貸契約の種類

	定期借家契約	普通借家契約
契約方法	公正証書等の書面による契約	書面も口頭も可（実際は書面）
更新の有無	期間満了により終了し更新なし（ただし、再契約は可能）	正当な事由ない限り更新
標準賃貸年数	1～3年	2年
契約方法	相場賃料より下がるケースもある	相場賃料

一般社団法人
移住・交流推進機構HP

移住支援制度を利用して移住する

▼地方に移住して生活費を抑える

老後に生活費の安い地方へ移住を検討している場合は移住先によって支援金がもらえることもあります。現在、国や地方自治体は都市部から地方への移住を支援しており、特定の条件に当てはまる場合は移住支援金や企業支援金などの補助を行っています。地方自治体のなかには定住すると家も支給するという自治体もあるので、地方移住を検討している場合は移住支援を行っている自治体のホームページなどを事前に確認しておきましょう。

地方移住支援は国と自治体がそれぞれ行っています。国が実施している移住支援制度は東京23区に在住もしくは通勤するなどの条件をクリアすれば、地方移住の支援金１００万円、起業すれば最大３００万円まで補助金がもらえます。地方自治体が実施している移住支援制度は各地方自治体によって異なりますが、東京圏からの移住者に限らず、支援金を１００万円単位で補助するという自治体もあります。

移住支援制度をの一例

国が実施している移住支援制度

対象者	移住直前の10年間で通算5年以上かつ直近1年以上、東京23区に在住または東京圏（条件不利地域を除く）に在住し、東京23区へ通勤していた者
どこで	移住先の市町村
要件	・東京圏以外の道府県と、東京圏の条件不利地域への移住 ・地域で中小企業などへ就業 ・テレワークによる業務継続 ・市町村ごとの独自要件 ・1年以内に起業支援金の交付決定を受けているなど

1世帯につき最大100万円
単身の場合は最大60万円受け取れる

地方自治体が実施している移住支援制度

●内容・対象・要件は自治体によってさまざま

例　岡山県赤磐市

・市が販売している分譲住宅地を購入した人に1 戸当たり20 万円
・空き家情報バンクを利用して購入、または賃貸借契約した物件について改修費用半額補助（上限100 万円）

例　福岡県宗像市

・新たに三世代同居を始めるために住宅を新築、購入および建替えする親、または子世帯に最大40 万円を補助（子世帯に子どもがいない場合でも対象となる場合がある）

民間保証を利用する

▼連帯保証人不要で利用できる

賃貸住宅に住み替える場合に保証人がいないときは市区町村と提携している民間債務保証会社を利用しましょう。保証会社を委託した場合、連帯保証人が不要で賃貸契約できるほか、高齢者世帯の場合、費用の一部を市区町村が助成する制度があります。助成金額は債務保証サービスの初回保証料の1／2。市区町村により1万2000円（大田区）から3万6000円（新宿区）までなど限度額が決まっています。

武蔵野市の助成制度

いつまでに

特になし

どこで

居住地の市区町村

申請条件

世帯員のすべてがおおむね65歳以上の世帯

↓

保証料に対して助成を受けられる

↓

初回	初回保証料の2分の1の額（上限2万円）
2回目	初回の更新料の全額、最大で1万円

※3回目以降の保証料はなし

医療保険料を見直して安くする

▼保証額を見直しを行う

定年退職を機に生活スタイルに合わせて医療保険の見直しを行いましょう。ほかの保険と契約内容を見比べて、重複項目があれば外したり、逆に現在のライフスタイルで必要な保証があれば追加したりなど、見直すポイントはいくつかあります。通常は定年退職後は年金が支給されるので必要以上に高額な保証は求めないで、保険料を見直しして支出を減らすことを念頭におきましょう。

医療保険の見直しポイント

現役時代

今病気で働けなくなったら収入がゼロになるから、不安だなあ

「けがや病気で働けなくなり収入がなくなる場合」に備えて医療保険に加入

定年退職後

今は年金をもらっているし、病気になっても収入がなくなることはないな

多額の医療保障は支払う必要ない
がんを含む三大疾病に備える保険に加入

生命保険料の支出を減らす

▼保険料を払わずに保険契約を継続

保険料の支払いが困難になった場合を想定して保険料の払い込みを止めても「払済保険」と「延長（定期）保険」を検討しましょう。払済保険とは、保険金額を少額にすることで保証期間を変えずに保証を継続する方法です。延長（定期）保険とは、保証金額を変更せずに保証期間を短縮する方法です。どちらも解約払戻金を活用し保険料の払い込みをやめることで支出を抑えることができます。

▼定年後は医療保障を重要視する

定年退職後は生活スタイルに合わせて医療保険の見直しを行うことが必要となります。たとえば、定年前であれば、怪我や入院によって働けなくなった場合の保証が必要だったと思いますが、定年後に働かないのであれば、このような保証は必要なくなります。子どもが独立している場合は高額な死亡保険も不要になります。このようにライフスタイルや生活環境に合わせて保険を見直して支出を抑えることが重要です。

生命保険料の負担を少なくする

POINT❶ 払済保険・延長（定期）保険に申し込む

いつまでに

特になし

どこで

加入中の保険会社

▶

**保険料を払わずに
保険契約を継続できる**

解約払戻金がある積立保険等が前提

POINT❷ 払済保険・延長（定期）保険のしくみ

払済保険

・保険料の払い込みを中断できる
・保障期間に変更はない
・保障金額が小さくなる
・特約は継続されない

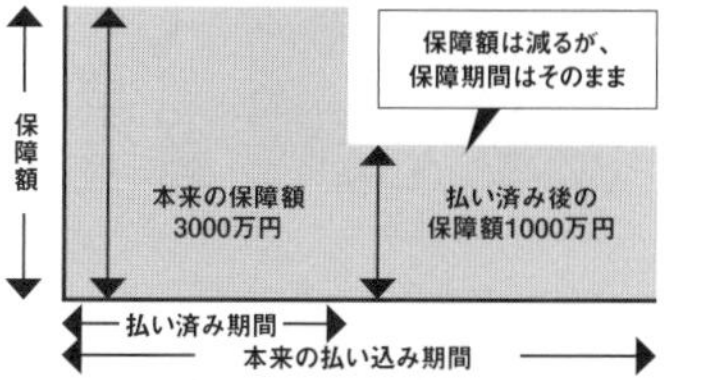

延長（定期）保険

・保険料の払い込みを中断できる
・保障期間が短くなる
・保障金額に変更はない
・特約は継続されない

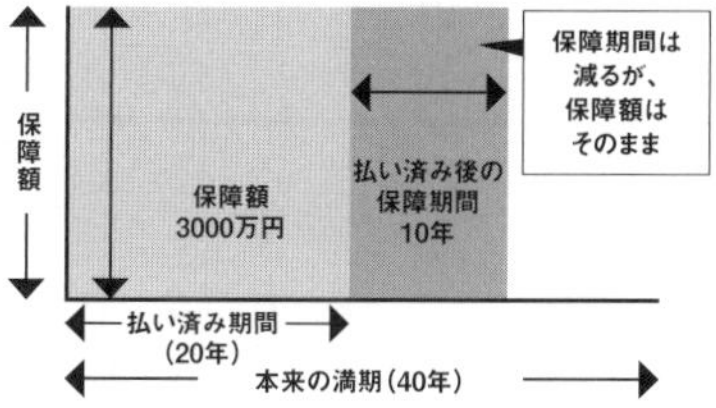

POINT❸ 定年前後に死亡保障を見直す

医療保障

・入院費・介護費

などがかかる可能性が高まるため厚めに見積もる

死亡保障

・葬儀代・死亡後の当面の生活費

子どもが独立していれば、上記をまかなえる金額で十分

生命保険の上手な解約方法

▼無駄を減らす解約のタイミング

生命保険の解約はタイミング次第では契約者が損をしてしまう場合があります。積立型の生命保険の場合は支払った保険料以上に解約返戻金が受け取れるケースがあるので、特に解約するタイミングが重要です。ベストなタイミングは解約返戻金額が支払った保険料の総額を上回ったタイミングです。解約するときに解約返戻金をいくら受け取れるか、契約内容や規約を事前に確認しておきましょう。

２０１０年４月以降で生命保険の支払い方法を年払いや半年払いで契約した人は未経過期間に対応する保険料相当額が返金されます。また、１９８０年代中期～１９９０年代前期に販売されていたお宝保険と呼ばれた積立型生命保険の解約には注意が必要です。この保険は予定利率が高いため、運用利回りが高く、保険料も安いため、一度解約してしまうと現在販売されている保険とは同条件での代替えは不可能といわれています。

生命保険の解約払戻金を受け取る

POINT❶ 解約返戻金の元本割れ期間を過ぎた後に解約する

対象者 積み立て型の生命保険加入者

解約返戻金額が支払った保険料の総額を上回ったときに解約する

契約期間・払込期間に応じた返戻率は契約書類や保険証券に記載されています

↓

元本割れせずに解約返戻金を受け取れる

POINT❷ 保険料の返還が期待できる

対象者 2010年4月以降、生命保険の支払い方法を「年払いもしくは半年払い」で契約した人

POINT❸ 「お宝保険」の解約は要注意

対象者 1980年代中ごろ～1990年代前半に販売されていた積み立て型保険(通称「お宝保険」)加入者

- 予定利率が高いため、運用利回りが高く、かつ保険料が比較的安い
- 解約すると再度加入できない

予定利率が高い保険ほど貯蓄性が高くなります。解約は慎重に行いましょう

ダウンサイジングな生き方

▼収入減の年金生活に備える

年金生活を迎えるにあたって、支出を減らして家計のダウンサイジングをしていく必要があります。収入が減るであろう年金生活に備えることで長寿時代に立ち向かうこともできるようになります。

まずは住居費の見直しです。持ち家で住宅ローン返済中の場合、金利差１％以上、ローン残高１０００万円以上、残りの期間が10年以上なら借り換えを検討しましょう。賃貸住宅の場合は子どもが独立後はコンパクトな間取りへの住み替えをすれば、家賃や光熱費が抑えることができます。

次に携帯電話やスマホの見直しです。大手携帯電話会社から格安ＳＩＭなどへの乗り換えを検討しましょう。安いものでは月３００円以下のものもあるので、スマホ代を安く抑えられます。新聞や雑誌もデジタルに移行することで費用が節約できることもあります。また、家庭菜園や体験農園をすることも食料費の節約につながります。

定年後の必要総額・簡易計算式

月々の生活費 　　万円 ×12ヵ月＋ **年単位出費** 　　万円

（現役時の毎月の生活費×0.7）　（ボーナス払いのローン・臨時出費）

＝年間の生活費 ❶ 　　万円

（❶ 　　万円 －年金額×0.9 　　万円）

× 17年（男性） 23年（女性） （65歳から平均余命までの年数）

＝生活費不足額 ❷ 　　万円

❷ 　　万円 ＋800万円＋イベント資金 　　万円

（医療と介護などの備え）

＝定年後の必要総額 　　万円

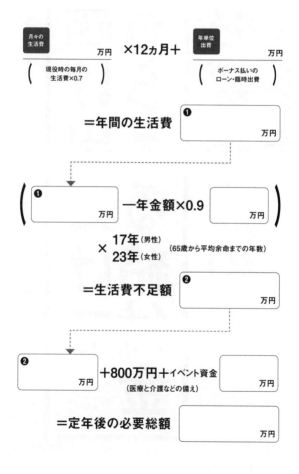

知ってる人だけ得する

巻末付録

届け出だけでもらえる給付金

必要書類の入手先

年金新世代の新常識

求職者給付基本手当

対象者

- ハローワークで求職の申し込みを行った失業者
- 雇用保険の被保険者で基本手当の受給要件（退職日以前の2 年間に雇用保険の被保険者期間が通算で12 カ月以上）を満たしている者

離職日の翌日から1年間支給される

雇用保険の被保険者が定年などで離職した場合に失業中の生活の安定を図りつつ、再就職するための求職活動をサポートすることを目的に支給されるものです。基本手当の受給期間は、原則、離職日の翌日から1 年間で、失業中にハローワークで本人が求職の申し込みを行います。雇用保険の被保険者で基本手当の受給要件を満たしている者であれば誰でも受給できます。

求職者給付技能習得手当

対象者

- ハローワークで求職の申し込みを行った失業者でいつでも就職できる状態の者
- 雇用保険の被保険者で基本手当の受給要件（退職日以前の2 年間に雇用保険の被保険者期間が通算で12 カ月以上）を満たしている者
- ハローワークからの指示があった者

日額500円で上限額20,000円支給される

雇用保険の受給資格を持ち、ハローワークまたは地方運輸局長の指示によって公共職業訓練などを受講する際にもらえる手当です。雇用保険の基本手当とは別に支給され、より手厚く生活をサポートしてもらえます。ハローワークからの指示によって職業訓練を受けることが決定したら「公共職業訓練等受講届・通所届」を「雇用保険受給資格者証」とともにハローワークに提出します。

職業訓練受講給付金

対象者

- 雇用保険の失業給付中に再就職できなかったもしくは自営業を廃業した者
- 固定収入（税引前の給与）が月8 万円以下、世帯収入（税引前の給与）が月25 万円以下、世帯全体の金融資産は300 万円以下の者
- 居住地以外の不動産を所有していない者

職業訓練受講手当、通所手当、寄宿手当が支給

厚生労働省が実施している支援策のひとつで、雇用保険の失業給付を受けている間に再就職することができなかった人や自営業を廃業した人が対象です。職業訓練受講手当（特定一般 受講費用の40% 上限20 万円）、通所手当（月の上限42,500円）、寄宿手当（月額10,700 円）の3 つがセットになっており、ハローワークによる支給決定後、約1 週間から10 日程で、指定した金融機関の口座に振り込まれます。

求職者給付傷病手当

対象者
- 求職者給付基本手当の受給条件を満たしている者
- ハローワークで求職の申し込み後に15日以上、病気や怪我などで就職活動できない者

60歳以上65歳未満は日額7,294円（上限）が支給される

ハローワークで求職の申し込み後、15日以上病気や怪我などで就業できない場合には雇用保険の傷病手当を受け取ることができます。傷病手当の支給金額は働いているときの6か月(180日間)の給料の平均から計算されますが、1日の上限が年齢によって決まっている（60歳以上65歳未満は日額7,294円）ので注意が必要です。傷病手当の申請は「傷病手当支給申請書」をハローワークに提出します。

高年齢求職者給付金

対象者
- 65歳以上の雇用保険の被保険者
- 離職日以前1年間に被保険者期間が通算6カ月以上の者

65歳以上の雇用保険の被保険者が支給可能

65歳以上の求職者を対象とした給付金です。通常の失業保険と同じように仕事を退職した後にハローワークで受給の申請手続きを行います。審査が完了すると、一括で給付金を受け取ることが可能です。給付額は雇用保険に加入期間によって異なり、1年未満の場合は30日分、1年以上の場合は50日分が支給されます。受給期限は離職日の翌日から1年です。

特例一時金

対象者
- 65歳未満の短期雇用特例被保険者

基本手当日額の30日分が支給される

雇用保険の特例一時金の対象者は農閑期となる冬に農業従事者が行う他業種への就業や、夏の海の家や冬のスキー場での就業など天候その他自然現象の影響によって一定の時季に偏る業務で、季節的に雇用される短期雇用特例被保険者と呼ばれる雇用保険の被保険者です。ハローワークが特例受給資格者と確認し、待機期間を過ぎた時点で、ハローワークが算出した基本手当日額の30日分（現在のところ暫定措置として40日分）が支給されます。

日雇労働求職者給付金

対象者

- 適用区域内に居住して適用事業に雇用される者
- 適用区域外の地域に居住して適用区域内にある適用事業に雇用される者
- 上記以外の者であってハローワークの認可を受けた者

日額4100円～日額7500円が支給される

雇用保険に加入している日雇い労働者が失業した場合、要件を満たしていれば何歳であっても、日雇労働求職者給付金を受給できます。失業した月の前月と前々月の2ヶ月間に通算して26日以上印紙保険料を納めていれば支給されます。給付額や給付日数は日額4100円～日額7500円まで納付した印紙保険料の納付日数によって算出されます。申請は日雇労働被保険者手帳、労働者派遣契約不成立証明書をハローワークに提出します。

就職促進給付再就職手当

対象者

- 受給手続き後、7日間の待期期間満了後に就職もしくは事業開始した者
- 就職日前日までの失業認定を受けて基本手当の支給残日数が所定給付日数の3分の1以上ある者

1人あたりの平均支給額は約39.1万円

就業促進給付のひとつで基本手当の受給資格がある者が日雇などではない安定した仕事に再就職したときに支給されます。基本手当の給付日数が残っている間に再就職すると「お祝い金」のような趣旨で支給されるため、再就職するタイミングが遅くなると受給できません。基本手当の支給残日数が所定給付日数の1/3以上が受給要件となります。

就業促進定着手当

対象者

- 再就職手当の支給を受けていること
- 再就職後、同じ職場で半年以上働き、かつ雇用保険に加入していること
- 再就職後の賃金が離職前より低いこと

前職と再就職先の賃金の差額が支給される

再就職先の賃金が前職の賃金より少ない場合に支給される手当です。再就職手当を受けた人が、その後6ヵ月以上同じ職場で雇用され続けた場合、その職場での6ヵ月の間に支払われた賃金日額が前職の賃金日額に比べて低い場合、低下した分の賃金が6ヵ月分支給されます（支給額上限あり）。再就職の日から同じ職場に半年以上勤務しており、かつ雇用保険に加入している（支給額上限あり）必要があります。

常用就職支度手当

対象者

- 就職日において45 歳以上の受給資格者
- 45 歳以上の日雇受給資格者
- 特例一時金の受給資格者

基本手当の支給残日数に応じて支給される

就職促進給付のひとつで基本手当受給中に高齢などの理由により就職が困難な者が安定した職業に就いた場合に基本手当の支給残日数が所定給付日数の3 分の1 未満で一定の要件に該当すると支給されます。雇用形態は問われず正規職員でもパート職員でもアルバイトでも1 年以上雇用される見込みがある場合は支給要件を満たすことになります。

広域求職活動費

対象者

- 待機の期間が経過した後に広域求職活動を開始したこと
- 広域求職活動に要する費用が訪問先の事業所の事業主から支給されないこと
- 受給手続したハローワークから、求人事業所所在地のハローワークの往復距離が鉄道などの距離で200 キロメートル以上あること

負担した費用の80%を支給される

雇用保険受給資格者がハローワークの紹介で遠隔地にある求人事業所を訪問して求人者と面接などをした場合に支給されます。支給には一定の条件があり、支払われる費用には、鉄道賃、船賃、航空賃、車賃と、宿泊料があります。申請は広域求職活動指示書と訪問する求人事業所の数に応じた広域求職活動面接等訪問証明書を面接完了後にハローワークに提出します。

移転費

対象者

- 通勤時間が往復4 時間以上である場合
- 交通機関の始（終）発の便が悪く、通勤に著しい障害がある場合
- 移転先の事業所・訓練施設の特殊性や事業主の要求によって移転を余儀なくされる場合

移転先の状況や条件によって支給される

往復4 時間以上かかる遠距離の場所への引っ越し時に使える制度です。引っ越しを伴う転職では新しい生活に向けた出費が多くなりがちです。移転費制度を上手に利用することで、経済的な負担を減らすことができます。運賃（鉄道賃、船賃、航空賃および車賃）、移転料、着後手当といった名目で支給されます。申請は移転費支給申請書と雇用保険受給資格者証をハローワークへ提出します。

介護休業給付金

対象者

- 雇用保険の被保険者
- 2週間以上の休業を前提
- 休業から復帰後に職場に復職前提

給料の67%が保証される

家族の介護のために仕事を休業する際、給料の67%が保証される制度です。条件を満たした場合に最大93日まで最大3回までの分割で支給されます。国民年金や健康保険に加入している労働者や公務員などが対象となるほか、正社員だけではなく、被保険者であればパート、アルバイト、派遣社員、契約社員も対象となります。介護休業給付金支給申請書 と雇用保険被保険者休業開始時賃金月額証明書を事業者がハローワークに提出します。

一般教育訓練給付

対象者

- 雇用保険の被保険者で被保険者期間が通算3年以上（初めての支給者は当面1年）
- 雇用保険に加入していた会社を退職して1年以内の離職者

受講費用の最大20%が支給される

働く人の主体的な能力開発の取組を支援し、雇用の安定と再就職の促進を目的とする雇用保険の給付制度で、厚生労働大臣が指定する教育訓練の受講費用が20%（上限10万円）支給される制度です。受講終了後の翌日から1ヵ月以内に、教育訓練給付金支給申請書、教育訓練修了証明書などをハローワークに提出します。

（対象講座）輸送関係（大型自動車）、介護職員初任者研修、Webクリーエーター、TOEICなど

特定一般教育訓練給付

対象者

- 雇用保険の被保険者で被保険者期間が通算3年以上（初めての支給者は当面1年）
- 雇用保険に加入していた会社を退職して1年以内の離職者

受講費用の最大40%が支給される

速やかな再就職及び早期のキャリア形成に資する教育訓練を受けた場合に、厚生労働大臣が指定する教育訓練の受講費用が40%（上限20万円）支給される制度です。受講開始日の1ヵ月前までに、職業能力の開発・向上に関する事項を記載したジョブカードの交付を受け、教育訓練給付金及び教育訓練支援給付金受給資格確認票と一緒に、ハローワークへ提出します。尚、支給を受ける手続きは受講終了後に別途必要となります。

（対象講座）介護職員初任者研修、大型自動車第二種免許、ITSSレベル2相当の情報通信資格など

高年齢雇用継続給付金

対象者

- 60 歳以上65 歳未満で雇用保険の一般被保険者
- 被保険者だった期間が5 年以上
- 60 歳到達時点と比較して60 歳以降の賃金月額が75% 未満になった

60歳になった月から65歳になる月まで支給

60 歳到達等時点に比べ、賃金が75%未満に低下した状態で働き続ける60 歳以上65 歳未満の雇用保険被保険者へ支払われる給付金です。60 歳以降、失業保険による基本手当や再就職手当を受け取っていない従業員を対象とした給付金です。具体的には、60 歳で定年退職した後、ブランクなく同一企業で再雇用された従業員などが該当します。

高年齢再就職給付金

対象者

- 60 歳以降に再就職している
- 60 歳以上65 歳未満の雇用保険一般被保険者
- 再就職先が、1 年超継続して雇用されると見込まれる安定的職業

再就職先の賃金月額の上限15%が給付

60 歳で定年退職した後、失業保険による基本手当を受給し、その後、別の企業に再就職した従業員に支給される給付金です。再就職先の賃金月額が、基本手当の基準となった賃金日額の30 日分の額の75% 未満である場合に、再就職先の賃金月額の15% を限度として給付されます。高年齢再就職給付金の支給期間は再就職日の前日時点における、基本手当（失業保険）の支給残日数に応じて決まります。

高齢者向け住宅リフォーム助成

対象者

- 65 歳以上で要介護か要支援認定を受けている人がいる
- 世帯年収が600 万円未満

リフォーム後に上限18万円まで支給

手すりや床材の変更など、要介護者でも安全に生活するためのバリアフリー化工事の費用を補助する介護保険の制度です。バリアフリー仕様に改造するリフォーム後に助成金がもらえます。上限18 万円までの補助金が支給されますが、リフォーム前にもらえるわけではなく、リフォーム費用全額を支払い、後ほど一部費用を受け取れるというものなので注意が必要です。

年金生活者支援給付金

対象者

●65 歳以上で老齢基礎年金を受給している
●前年度の公的年金の所得額が78 万円を下回っている
(※令和5 年度の場合。所得額は毎年変動)
●同一世帯の全員が市町村民税の非課税対象である

所得額が一定基準額以下の年金受給者に支給

公的年金などの収入やその他の所得額が一定基準額以下の年金受給者の生活を支援するために、年金に上乗せして支給されるものです。上記3 つの要件すべてに当てはまる方は給付金対象となります。支給額は保険料納付期間に基づく額+保険料免除期間に基づく額となり、毎年変動します。また、人によって支給額が異なるため、事前に確認しておきましょう。

補聴器購入資金の一部助成

対象者

●65 歳以上の江戸川区民
●本人が住民税非課税
●聴覚障害による身体障害者手帳を持っていない
●耳鼻咽頭科の医師から制度の所定基準を満たすと診断されている
●これまでに制度の助成を受けたことがない
(*江戸川区の場合)

補聴器の購入に要する費用の一部を助成

聴力低下が原因で補聴器を購入しようと考える人を対象とした助成金です。聴力が低下している高齢者の方に、認知症予防の一助となる適切な補聴器の装用および日常生活上のより良いコミュニケーションを図ることを目的とし、補聴器の購入に要する費用の一部を助成します。都道府県によって実施の有無が異なるので、利用の際は居住地の市区町村に確認しましょう。

年分　退職所得の受給に関する申告書　兼　退職所得申告書

納め過ぎた税金分が還付される

『退職所得申告書』

どこで

・国税庁のホームページ

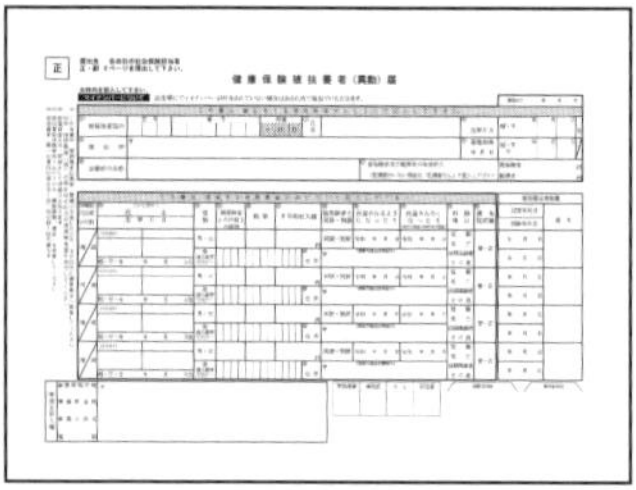

健康保険被扶養者（異動）届

家族の被扶養者として異動する

『被扶養者異動届』

どこで

全国健康保険協会のホームページ

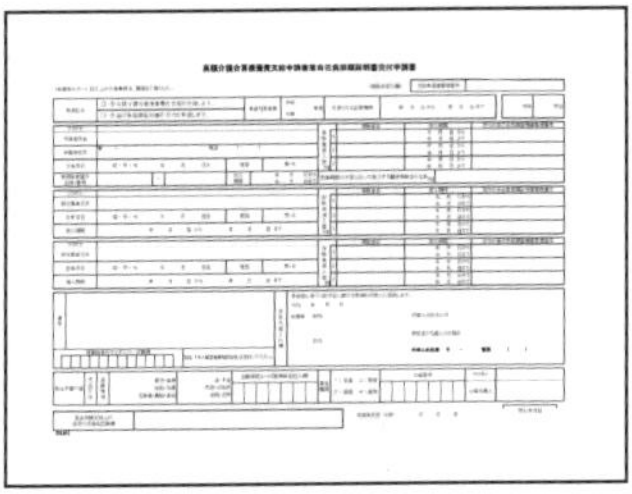

介護費と医療費の
負担を軽減する

『高額介護合算療養費
支給申請書』

どこで

・全国健康保険協会のホームページ

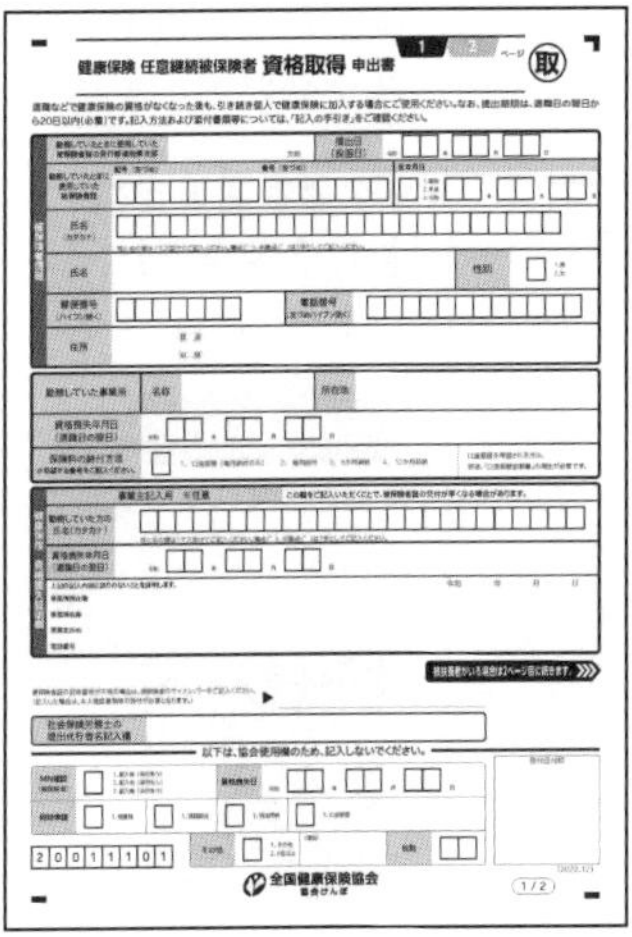

健康保険 任意継続被保険者 資格取得 申出書

全国健康保険協会

任意継続被保険者制度を
利用する

『任意継続被保険者
資格取得申出書』

どこで

・全国健康保険協会のホームページ

様式コード 4100

国民年金被保険者関係届書（申出書）

裏面の「提出にあたってのご注意」を参考のうえ記入してください。

市区町村長
日本年金機構理事長　あて　　令和　年　月　日
以下のとおり届け出（申し出）ます。

氏　名：

被保険者との続柄：1. 本人　2. その他（　　）

基礎年金番号（10桁）で届出する場合は「①個人番号」欄に左詰めで記入してください。

届出（申出）を行う「届書種類」に該当する番号を○で囲んだうえ、必要事項を記入してください。

個人番号をお持ちでない方が以下の届出を行う場合は、必要事項を記入してください。

付加保険料の納付に必要になる書類

『国民年金付加保険料納付申出書』

どこで

・日本年金機構のホームページ

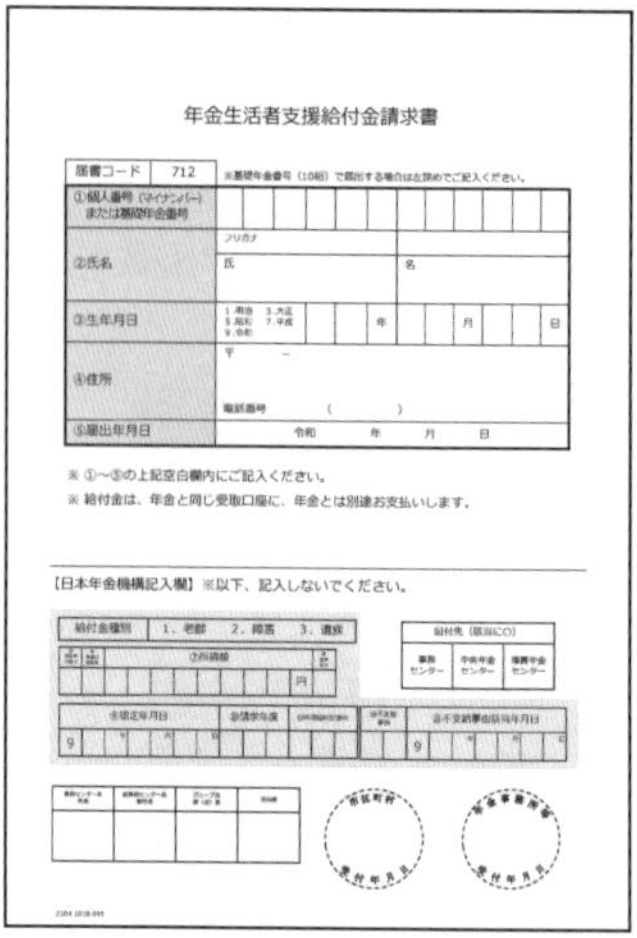
年金生活者支援給付金請求書

届書コード	712

※基礎年金番号（10桁）で届出する場合は左詰めでご記入ください。

①個人番号（マイナンバー）または基礎年金番号		
②氏名	フリガナ 氏	名
③生年月日	1.明治　3.大正 5.昭和　7.平成 9.令和	年　月　日
④住所	〒　－ 電話番号　（　　）	
⑤届出年月日	令和　年　月　日	

※ ①～⑤の上記空白欄内にご記入ください。
※ 給付金は、年金と同じ受取口座に、年金とは別途お支払いします。

【日本年金機構記入欄】※以下、記入しないでください。

給付金種別	1．老齢	2．障害	3．遺族

給付先（該当に○）		
事務センター	中央年金センター	障害年金センター

一定基準額以下の年金受給者に支給

『年金生活者支援給付金請求書』

どこで

日本年金機構ののホームページ

様式第103-1号

老齢基礎年金・老齢厚生年金　支給繰下げ申出書

〔平成１９年４月１日以後に老齢厚生年金の受給権を有した方が老齢基礎年金または老齢厚生年金の繰下げを希望するときの申出書〕

① 個人番号(または基礎年金番号)

② 氏　名

③ 生年月日　大正・昭和　年　月　日

④ 住　所　TEL(　)―(　)―(　)

⑤ 繰下げを希望する年金に○印をご記入ください。
1．老齢基礎年金の繰下げを申し出します。
2．老齢厚生年金の繰下げを申し出します。
令和　年　月　日

注意事項

1　この申出書は、６５歳以後に老齢基礎年金および老齢厚生年金の裁定の請求を行い、いずれかの年金について支給の繰下げを希望するときに必要な届書です。
なお、平成１９年３月３１日前に老齢厚生年金の受給権が発生した方は、様式第１０３号の申出書で届け出てください。

【詳しくは裏面をご覧ください】

2　６５歳の誕生日の前日から、６６歳の誕生日の前日までに、他の年金（※）の受給権を有したことがあるときは、支給繰下げの申し出をすることができません。

3　６６歳の誕生日以後、他の年金（※）の受給権を有したことがある方が、それ以後、支給繰下げの申し出をした場合は、他の年金の受給権を有した日において支給繰下げの申し出があったとみなされます。

4　この申請書は、年金請求書（国民年金・厚生年金保険老齢給付）（様式第１０１号）と同時に提出してください。

5　黒インクのボールペンで記入してください。鉛筆や、摩擦に伴う温度変化等により消色するインクを用いたペン又はボールペンは、使用しないでください。

※　他の年金とは、老齢基礎年金の場合は、障害基礎年金・障害厚生年金・障害共済年金等の障害給付や遺族基礎年金・遺族厚生年金・遺族共済年金等の遺族給付をいいます。老齢厚生年金の場合は、上記の年金から障害基礎年金・旧法国民年金の障害年金を除いた残りの年金をいいます。

支給繰下げに必要になる書類

『老齢基礎年金・老齢厚生年金支給繰下げ申出書』

どこで

・日本年金機構のホームページ

様式第234号

国民年金
厚生年金保険

特別支給の老齢厚生年金受給権者　老齢基礎年金支給繰上げ請求書

(特別支給の老齢厚生年金受給権者が老齢基礎年金を繰上げて請求するときの届)

① 個人番号（または基礎年金番号）および年金コード

② 生　年　月　日　昭和　年　月　日

③ 配偶者について、右の欄にご記入ください。
現在、公的年金制度等から老齢・退職または障害を支給事由とする年金を受けていますか。　ア　老齢・退職の年金を受けている。　イ　障害の年金を受けている。　ウ　いずれも受けていない。
受けているときは、その公的年金制度等の名称および個人番号または年金証書の基礎年金番号・年金コード、恩給証書等の記号番号　名称　基礎年金番号・年金コード等
その支給を受けることになった年月日　昭和・平成・令和　年　月　日

④ あなたは現在、特別支給の老齢厚生年金以外に公的年金制度から年金を受けていますか。
受けている方、請求中の方は、その制度の名称および個人番号または年金証書の基礎年金番号・年金コード（記号番号）をご記入ください。
ア　受けている・イ　受けていない・ウ　請求中
名称
基礎年金番号・年金コード等

⑤ 上記④の年金を受けている方は、その支給を受けることになった年月日　昭和・平成・令和　年　月　日

⑥ 60歳以後に公的年金制度に加入したことがありますか。ある方は、次のページの「履歴」欄にご記入ください。　ある・ない

⑦ 繰上げの請求を行うことによる制約等を理解のうえ、老齢基礎年金の繰上げを請求しますか。　全部・一部

令和　年　月　日　提出

郵便番号
住　所
(フリガナ)
氏　名
電話番号（　）―（　）―（　）

(「注意事項」および「記入上の注意」をよく読んでからご記入ください。)

支給繰上げに必要になる書類

『老齢基礎年金支給繰上げ請求書』

どこで

・日本年金機構のホームページ